공무원 시험 준비생·수능 대비·교양인을 위한

영화 포스터로 배우는

외래어 표기법, 국어의 로마자 표기법

박성호 저

양성원

책을 내면서

“영화 포스터로 배우는 외래어 표기법, 국어의 로마자 표기법”은 국어 어문 규정 중에서 외래어 표기법, 국어의 로마자 표기법과 관련된 책이다. 책을 보면서 알 수 있겠지만 국어의 로마자 표기보다는 외래어 표기가 어렵다. 외래어 표기가 어려운 데에는 몇 가지 이유가 있다. 첫째, 외래어와 외국어의 구별이 애매하기 때문이다. 외래어 표기법은 외래어를 적는 방법이므로 그 대상은 외래어이다. 그런데 외래어와 외국어를 구별하는 기준이 불분명하다. 흔히 ‘쓰임의 조건’과 ‘동화의 조건’을 외래어와 외국어를 구별하는 기준으로 들지만 ‘쓰임’과 ‘동화’의 정도가 불분명하다. 어떤 말이 외래어라면 국립국어원의 <표준국어대사전>이나 외래어 표기 용례 등에서 찾을 수 있을 것이다. 하지만 일상생활에서 사용하는 말이라도 외국어로 분류된다면 그 표기를 확인할 수 없는 경우가 많다. 더군다나 계속 새로운 말들이 들어오고 있다. 둘째, 외래어는 철자가 아니라 발음에 따라 표기하는데, 원지음을 알지 못하고는 표기할 수 없기 때문이다. 그런데 일부 외래어는 철자는 알지만 발음을 알 수 없을 때가 많다. 더구나 그것이 영어, 프랑스 어처럼 널리 쓰이는 언어가 아닐 때에는 더욱 그렇다. 셋째, 이미 굳어진 외래어는 관용을 존중하다고 하는데, 그 범위가 불분명하기 때문이다. 따라서 국립국어원의 ‘온라인 가나다’의 답변을 보거나 직접 문의해서 표기해야 하는 경우가 많다.

외래어 표기법과 관련된 책을 내기 위해서는 외래어의 범위를 정하는 일이 선행되어야 하지만 이 작업이 만만치 않았다. 그래서 외래어의 기준을 <표준국어대사전>에 등재된 말, 외래어 표기 용례에 수록된 말, 국립국어원의 다듬은 말(순화어) 목록에 수록된 말로 범위를 좁혔다. 그 이유는 이러한 사전이나 용례 등이 규범의 역할을 하기 때문이다. 또한 일상생활에서 많이 사용하는 외래어를 포함시켰고 영화 제목이나 국내외 TV 프로그램을 이용했다. 영화 제목은 책 제목보다 우리에게 널리 알려져 있지만 외래어 표기법에 맞지 않는 것이 더 많았기 때문이다.

그리고 각종 공무원 시험에서 출제된 외래어도 포함시켰다. 공무원 시험에 출제된 외래어를 포함시킨 이유는 문항의 신뢰성 때문이다. 일상생활 속에서 무수히 많은 외래어를 접하지만 그 표기가 맞는지 틀린지 언중(言衆)들은 별로 신경 쓰지 않는다. 다만 시험을 치르는 경우에 관심을 가진다. 우리나라에서 대표적인 시험은 각종 학교에서 치르는 시험, 대학수학능력시험, 각종 공무원 시험일 것이다. 그중 외래어 표기가 가장 많이 나오는 시험은 각종 공무원 시험이다.

따라서 이 책의 목적은 크게 두 가지로 나눌 수 있다. 첫째는 공무원 '국어' 시험에서 자주 출제되는 외래어 표기법과 국어의 로마자 표기법 문항을 분석하여, 이를 바탕으로 외래어 표기법과 국어의 로마자 표기법에 대한 문항으로 자주 출제되는 규정을 이해하기 쉽게 해설하는 것이다. 둘째는 공무원 '국어' 시험이 목적이 아닌 사람들도 일상생활에서 외래어를 바르게 표기하고, 국어를 로마자로 정확하게 표기할 수 있는 능력을 기르는 것이다. 실제 간판이나 영화 제목을 비롯해서 일상생활에서 자주 사용하는 외래어 표기는 오류가 너무 많다. 이 책이 이런 사람들에게 도움이 되기를 바란다.

이 책은 모두 4부로 구성되어 있다. 제1부는 외래어 표기법이고 제2부는 국어의 로마자 표기법이고, 제3부는 다듬은 말(순화어)과 번역 투 표현, 제4부는 실력을 점검하기 위한 문항이다. 또한 이 책에서 다룬 외래어 표기, 영화 제목, 국어의 로마자 표기를 색인으로 정리해 두었다. 이 책에서는 서술상의 편의를 위해 몇 가지 기호나 약호를 사용했는데 이를 정리하면 다음과 같다.

표 1 기호 및 약호

기호 및 약호	의미	용례
< >	언어명 <노> 노르웨이 어, <네> 네덜란드 어, <독> 독일어, <라> 라틴 어, <러> 러시아 어, <아> 아랍 어, <에> 에스파냐 어, <프> 프랑스 어 등	베테랑(<프>vétéran) 영어는 따로 제시하지 않음
▽	음이 달라진 한자	비상변(非常瓣▽)
▼	원어에 쓰이지 않는 단어이거나 원어와 전혀 다른 뜻으로 쓰이는 단어	백-넘버(▼back number)
→	외래어 표기법이나 국어의 로마자 표기법에 맞게 수정	사루비아 → 샐비어
←	발음이 현저히 변하였을 경우에는 그 원형을 제시하고, 형태가 변했다는 것을 표시	파마(←permanent)

차 례

제 1 부

외래어 표기법

국어는 어종(語種)에 따라 고유어, 한자어, 외래어로 분류할 수 있다. 이 중 외래어란 국어처럼 쓰이는 외국에서 들어온 말인데, '들온말', '전래어', '차용어'라고도 한다. 앞에서도 언급했듯이 외래어와 외국어의 구별은 간단하지 않다. 국립국어원에서는 현재 사전에 올라 있는 단어는 외래어로 처리한다. 사전에 등재된 외래어 표제어는 여러 문헌 자료를 통해서 각 세대와 계층에 두루 쓰이는 어휘들을 가려낸 것으로 어느 정도 우리말에 동화된 것으로 보기 때문이다. 즉, 사전에 등재된 외래어는 우리말 문맥 속에서 널리 사용되어야 한다는 '쓰임의 조건'과 원래 언어에서 지니고 있던 특징을 잃어버리고 우리말의 특징을 지니게 되어야 한다는 '동화의 조건'을 만족했다고 본다.

외래어 중에는 '담배', '빵' 등과 같이 이제는 외래어라는 의식이 없는 말도 있고, '아나운서', '컴퓨터' 등과 같이 우리말에서 어느 정도 자리를 잡았지만 외국에서 들어온 말이라는 의식이 남아 있는 것도 있다. 또한 '바캉스', '트러블' 등과 같이 아직 자리를 굳히지 못한 외래어들도 있다. 이런 외래어는 국어의 문맥 속에서 국어의 음운 규칙에 따라 발음되고, 본래의 뜻에서 변한 경우도 있으며, 같은 단어라도 쓰임에 따라 달리 표기되기도 한다. 그리고 외래어 표기는 같은 철자라고 하더라도 그 단어가 들어온 시기나 경로, 그 단어가 담당하고 있는 의미의 차이에 따라 달라지기도 한다.

외래어 표기법은 이 외래어를 한글로 적는 방식을 규정한 것이다. 고유어와 한자어는 표준어 규정과 한글 맞춤법에 따라 표기한다. 즉 고유어와 한자어는 표준어 규정에 의해 사정(査定)한 표준어를 한글 맞춤법에 따라 표기한다. 그런데 한글 맞춤법 총칙 제3항에서는 "외래어는 '외래어 표기법'에 따라 적는다."라고 규정하고, 표준어 규정 총칙 제2항에서는 "외래어는 따로 사정한다."라고 규정한다. 그러므로 따로 사정한 외래어를 대상으로 그것을 한글로 적는 방법을 규정한 것이 외래어 표기법이라고 할 수 있다.

외래어 표기법은 의사소통의 효율성을 위해 필요하다. 'workshop'을 한글로 표기할 때, 외국에서 들어온 말이라고 개인이 마음대로 '워크숍', '워크숖', '워크샵', '워크샾', '웍샵' 등으로 표기할 경우에는 혼란이 생길 수밖에 없다. 그래서 국어의 음운 규칙에 맞게 외래어의 어형(語形)을 통일할 필요가 있는데, 이러한 역할을 하는 것이 외래어 표기법이다. 현행 외래어 표기법(1986)은 제1장 '표기의 기본 원칙'과 제2장 '표기 일람표', 제3장 '표기 세칙', 제4장 '인명, 지명의 표기 원칙'으로 구성되어 있다. 1986년 외래어 표기법 제정 때에는 영어, 독일어, 프랑스 어, 에스파냐 어, 이탈리아 어, 일본어, 중국어 등의 7개 외국어와 관련된 표기 세칙만 고시되었다. 이후 1991년 동구권 5개 언어(폴란드 어, 체코 어, 세르보크로아트 어, 루마니아 어, 헝가리 어), 1995년에는 북구권 3개 언어(스웨덴 어, 노르웨이 어, 덴마크 어), 2004년에는 동남아시아 3개 언어(말레이·인도네시아 어, 타이 어, 베트남 어), 2005년에는 포르투갈 어, 네덜란드 어, 러시아 어 등의 자모의 한글 대조표와 표기 세칙이 각각 마련되었다.

그리고 지난 2014년 12월 5일 문체부 고시 제2014-0042호에서는 외래어 표기법의 규정에 제시된 용례 오류를 수정하고 누락된 정보를 추가하였다. 그 주요 내용은 제2장 <표 4> 일본의 인명과 지명에 사용되는 'ニャ · ニュ · ニョ'와 이에 대응하는 누락된 한글 표기를 추가했다. 그래서 "ニャ ニュ ニョ"는 어두나 어중, 어말에서 '냐', '뉴', '뇨'로 표기한다. 또한 제3장 제2절 제1항의 2 독일어의 표기 용례 중에서 'Razur[razuːr] 라주어'를 'Rasur[razuːr] 라주어'로 개정했다.

| 공무원 '국어' 시험에서 외래어 표기 출제 경향 분석 |

공무원 '국어' 시험에서 외래어 표기와 국어의 로마자 표기는 각각 1문제 정도가 출제되거나 둘 중에서 하나만 출제되기도 한다. 먼저 공무원 '국어' 시험의 외래어 표기법과 관련된 문항의 유형을 살펴보자.

첫 번째 유형은 가장 간단한 형태로 [2012, 지방 9급 3번] 문항처럼 선택지 하나에 하나의 외래어 표기를 묻는 문항이다. 이 유형은 다시 단어만 제시한 유형과 문장을 제시한 유형으로 나뉜다. 문장을 제시한 유형을 변형시킨 것이 [2010, 지방 9급 2번]이다. 이 문항은 <안내문>을 제시하고 그 중에서 옳지 않은 외래어 표기를 고르는 유형이었다.

두 번째 유형은 선택지에 3~4개의 외래어 표기를 제시하고 모두 옳은 것 또는 옳지 않은 것이 포함된 것을 선택하는 문항으로 [2014, 지방 9급 2번]이 대표적이었다. [2008, 지방 9급 1번]에서는 외래어 표기가 모두 옳지 않은 것을 고르는 문항이 출제되기도 했다. 또한 [2014, 국회 8급 21번]처럼 <보기>에 단어를 제시하고, 제시된 단어 중에서 외래어 표기가 올바른 것이 몇 개인지 묻는 문항 유형도 있었다.

세 번째 유형은 외래어 표기의 기본 원칙과 관련된 문항이다. [2014, 지방 7급, 2번]에서는 '리더십'에 적용된 표기의 근거를 묻는 문항이 출제되었고, [2014, 서울 9급 6번]에서는 '콩트', '더블', '게임', '피에로'에 공통적으로 적용된 외래어 표기의 원칙을 묻는 문항이 출제되었다. 또한 [2009, 지방 7급 6번]에서는 '외래어 표기의 기본 원칙'을 제시하고 여기에 맞지 않는 표기를 고르는 문항이 출제되었다.

네 번째 유형은 [2008, 지방 7급 1번]과 같이 국어의 로마자 표기법과 함께 선택지를 구성하는 문항이다. [2015, 사회복지 2번], [2006, 국가 9급 1번], [2014, 국가 7급 11번]은 맞춤법과 외래어 표기를 함께 묻는 문항 유형이었다. 특히 [2009, 지방 9급 2번]은 맞춤법, 외래어 표기법, 국어의 로마자 표기법 모두를 묻는 문항이었다.

한편 [2013, 서울 7급 1번]에서는 '빵', '구두', '붓', '고무' 등 외국어에서 차용된 어휘를 아는지 묻는 문항이 출제되기도 했다. 이러한 출제 유형 중에서 첫 번째와 두 번째 유형이 가장 많다.

| 외래어 표기법 학습 방법 |

공무원 '국어' 시험에서 출제되는 외래어 표기법과 관련된 문항을 완벽하게 학습하는 방법은 솔직히 없다. 이것은 일상생활에서도 마찬가지이다. 가장 큰 이유는 언제나 새로운 외국어가 들어오기 때문이다. 게다가 기존의 외래어들도 외래어 표기법 규정의 엄격한 적용을 받는 말도 있지만 관용을 존중해서 규정의 적용을 받지 않는 말들이 많기 때문이다. 게다가 '로브스터/랍스터', '디엠제트(DMZ)/디엠지(DMZ)'와 같이 복수 표기를 허용하는 경우도 생긴다.

외래어는 원지음에 가장 가깝게 적는 것이 원칙이므로 먼저 국제 음성 기호에 대응하는 자음 글자와 모음 글자를 익혀야 한다. 그런 후 영어에서 들어온 외래어를 중심으로 학습해야 한다. 외래어 중에서 우리가 일상적으로 가장 많이 사용하는 말들은 영어에서 유입되었다. 실제 많이 출제된 외래어들은 영어에서 들어온 외래어로, 일상생활에서 자주 사용하는 것들이다. 따라서 일상적으로 많이 쓰는 영어식 외래어에 적용된 외래어 표기법의 기본 원칙과 영어의 표기 세칙을 중심으로 학습할 필요가 있다. 아래의 표에서 알 수 있듯이 공무원 '국어' 시험에 자주 출제된 외래어들인 'barbecue', 'cake', 'chocolate' 등은 일상생활에서 많이 사용하는 단어들이다. 이에 비해 '부르주아', '코냑', '앙케트', '깁스' 등 영어 외의 다른 언어에서 들어온 말은 상대적으로 출제 비중이 낮다. 또한 고유 명사(인명, 지명 등)는 '오셀로', '싱가포르', '마오쩌둥', '모차르트', '타슈켄트', '라스베이거스' 등으로 제한적이었다. 여기에 관용적으로 허용되는 외래어를 함께 익혀야 한다. 또한 네 번째 문항 유형에 대비하기 위해서는 다른 어문 규정에 대한 지식도 함께 익혀야 한다.

표 2 공무원 '국어' 시험에 출제된 외래어 목록

원어	맞는 표기	틀린 표기	출제년도, 직렬, 직급
accelerator[əksélərèitər]	액셀러레이터	악세러이터	15 기상
accessory[æksésəri]	액세서리	악세서리	10 서울 9급, 10 법원 09(7월) 서울 9급
badge[bædʒ]	배지	뺏지	11 경북 교육청 9급
bag[bæg]	백	빽	14 서울 7급
barbecue[bά:rbikjù:]	바비큐	바베큐	09 국회 8급, 10 서울 9급 13 지방 9급
barometer[bərɔ́mitər]	바로미터	바로메터	06 국가 7급
battery[bǽtəri]	배터리	밧데리	09 국회 8급, 13 지방 9급
blouse[blaus]	블라우스	브라우스	08 지방 9급, 08 소방
body lotion [bάdi lóuʃən]	보디로션	바디로션	15 서울 9급
bonus[bóunəs]	보너스	뽀너스	06 국가 7급
boycott[bɔ́ikɔt]	보이콧	보이코트	12 국회 8급
bourgeois[burʒwa]<프>	부르주아	부르조아	14 국회 8급, 08 지방 7급
break[breik]	브레이크	블레이크	12 국회 8급
bridge[bridʒ]	브리지	브릿지	06 부산 9급
buffet[byfε]<프>	뷔페	부페	09 국회 8급, 10 서울 9급 11 지방 7급, 10 법원 11 경북 교육청 9급
bulldog[búll·dòg]	불도그	불독	06 국회 8급
buzzer[bʌzər]	버저	부저	15 국회 8급
cabinet[kǽbənit]	캐비닛	캐비넷	11 경북 교육청 9급
cafe[kæféi]<프>	카페	까페	13 서울 9급
cake[keik]	케이크	케익, 케잌 등	06 울산 9급, 08 소방 08 지방 9급, 12 지방 7급 12 국회 8급, 12 서울 9급 14 2차 경찰
caramel[kǽrəmel]	캐러멜	카라멜	14 국회 8급
carol[kǽrəl]	캐럴	캐롤	10 서울 9급, 15 지방 교육
carpet[kά:rpit]	카펫	카페트	12·15 국회 8급
castella<포>	카스텔라	카스테라	15 지방 교육

원어	맞는 표기	틀린 표기	출제년도, 직렬, 직급
center[séntər]	센터	센타	10 소방, 10 지방 9급
chocolate[ʧɔ́:kələt]	초콜릿	초콜렛	04 서울(10월) 9급, 08 경남 9급, 09 국회 8급, 10 서울 9급, 13 지방 7급, 13 지방 9급, 10 법원 14 2차 경찰
cider[sáidər]	사이다	사이더	08 지방 9급, 08 소방
cleaning[klí:niŋ]	클리닝	크리링	13 기상
cognac[kóunjæk]<프>	코냑	꼬냑	12 지방 9급(상반기)
color[kʌlər]	컬러	칼라	10 서울 9급
comedy[kɔ́mədi]	코미디	코메디	13 기상, 10 법원
complex[kɔ́mpleks]	콤플렉스	컴플렉스	14 지방 9급
concept[kɔ́nsept]	콘셉트	컨셉트	09·12·15 국회 8급, 10 서울 9급, 14 국가 7급
concise[kənsáis]	콘사이스	콘사이즈	15년 국회 8급
conte[kɔ̃:nt]<프>	콩트	꽁트, 꽁뜨 등	08 소방, 08 지방 9급 09 국회 8급, 14 서울 9급
contents[kάntents]	콘텐츠	컨텐츠	14 국회 8급, 15 기상
contest[kɔ́ntest]	콘테스트	컨테스트	12 국회 8급, 05 국회 8급
control[kəntróul]	컨트롤	콘트롤	15 지방 교육
corner[kɔ́:rnər]	코너	코오너	13 서울 9급
cosmopolitan [kɔ̀zməpɔ́lətn]	코즈모폴리턴	코즈모폴리탄 코스모폴리턴	15 국회 8급·기상
cunning[kʌniŋ]	커닝	컨닝	08 소방, 08 지방 9급
curtain[kə́:rtn]	커튼	커텐	06 서울 7급
date[deit]	데이트		12 국회 8급
Deutschland[dóyʧlant]	도이칠란트	도이칠란드	15 국회 8급
digital[dídʒətl]	디지털	디지탈	13 서울 9급, 08 지방 9급 08 소방
dilemma[dilémə]	딜레마	딜렘마	06 국가 7급
diskette[diskét]	디스켓	디스켙	08 지방 9급, 13 지방 9급 08 소방
dollar[dάlər]	달러	딸러	13 기상

원어	맞는 표기	틀린 표기	출제년도, 직렬, 직급
double[dΛbl]	더블	따블	14 서울 9급
doughnut[dóunət]	도넛	도너츠	13 서울 9급
Dostoevsky, Fyodor Mikhailovich	도스토옙스키	도스토예프스키	15 국회 8급
elevator[éləvèitər]	엘리베이터	엘레베이터	09 서울(7월) 9급
el Niño[él ní:njou]<에>	엘니뇨		15 기상
encore[ά:ŋkɔ:r]<프>	앙코르	앙콜, 앵콜	10 서울 9급, 13 서울 9급 15년 국회 8급
enquête<프>	앙케트	앙케이트	08 소방, 11 서울 9급, 08 지방 9급, 14 지방 9급
eye shadow[ai ∫ǽdou]	아이섀도	아이섀도우	09 국회 8급, 05 국회 8급 14 국회 8급. 15 기상
fantasy[fǽntəsi]	판타지	환타지, 팬터지	14 지방 9급
fighting[fáitiŋ]	파이팅	화이팅	10 서울 9급, 12 지방(상반기) 9급, 13 기상
file[fail]	파일	화일	14 서울 7급, 14 지방 9급 15 국회 8급
film[film]	필름	필림	08 소방, 08 지방 9급
flash[flæ∫]	플래시	플래쉬, 후래쉬	12 서울 9급, 15 국회 8급 16 국가 9급
flute[flu:t]	플루트	플롯	08 소방, 08 지방 9급 13 지방 9급, 15 국회 8급
foundation[faundéi∫ən]	파운데이션	화운데이션	08 지방 7급
frypan[fraipæn]	프라이팬	후라이팬	04 국회 8급, 10 소방
game[geim]	게임	께임	14 서울 9급
gap[gæp]	갭		12 국회 8급
gas range[gæs reindʒ]	가스레인지	가스렌지	06 국가 9급 1번
gas[gæs]	가스	까스, 개스	08 소방, 08 지방 9급 10 소방, 14 서울 7급
gips<독>	깁스	기브스	10 법원
gown[gaun]	가운	까운	08 지방 9급, 08 소방

원어	맞는 표기	틀린 표기	출제년도, 직렬, 직급
gradation[grədéiʃən]	그러데이션	그라데이션	15 기상
graph[græf]	그래프	그라프	09 지방 7급
Harbin	하얼빈		10 지방 9급
highlight[hailait]	하이라이트	하일라이트	12 서울 9급
Ho Chi Minh	호찌민	호치민	14 국가 7급
Hollywood[hɑ́liwùd]	할리우드	헐리우드, 헐리웃	13 서울 9급
hot line[hat lain]	핫라인	핟라인	09 서울(7월) 9급
jacket[dʒǽkit]	재킷	자켓, 자킷	13 서울 9급, 13 지방 9급 15 지방 교육
jazz[dʒæz]	재즈	째즈	08 지방 7급, 11 국가 7급
jeep[dʒiːp]	지프	집, 짚	12 국회 8급
jinx[dʒiŋks]	징크스	진크스	06 국가 7급
juice[dʒuːs]	주스	쥬스	04 서울(10월) 9급, 05 국회 8급, 08 지방 7급, 14 서울 7급, 14 지방 9급
jumper[dʒʌmpər]	점퍼		10 소방
ketchup[kéʧəp]	케첩	케찹, 케찹	15 국회 8급
Las Vegas[laːs véigəs]	라스베이거스	라스베가스	09 국회 8급
leadership[liːdəʃɪp]	리더십	리더쉽	06 울산 9급, 10 서울 9급 13 지방 7급, 13 서울 9급 14 지방 7급, 14 지방 9급 10 법원, 15 국회 8급 16 1차 경찰
lesbian[lézbiən]	레즈비언	레스비언	13 기상
license[láisəns]	라이선스	라이센스	15년 사회복지
lobster[lɔbstə]	로브스터 랍스터		06 부산 9급, 12 지방 7급 12 서울 9급, 15 국회 8급
mania[méiniə]	마니아	매니어	15 사회복지
mannequin[mǽnəkin]	마네킹	마네퀸	06 국회 8급
Mao Zedong	마오쩌둥	마오저둥	12 지방 7급
mass communication [mæs kəmjùːnəkéiʃən]	매스컴	매스콤	04 국회 8급

원어	맞는 표기	틀린 표기	출제년도, 직렬, 직급
mechanism[mékənìzm]	메커니즘	메카니즘	13 기상
message[message]	메시지	멧시지, 메세지	11 경북 교육청 9급 13 기상, 13 지방 9급
milk shake[milk ʃeik]	밀크셰이크	밀크쉐이크	11 지방 7급, 15 기상
mirage[mirɑːʒ]	미라지	미라주	15 국회 9급
Mozart[móutsɑːrt]	모차르트	모짜르트	08 소방, 08 지방 9급 14 국가 7급
mystery[místəri]	미스터리	미스테리	06 국회 8급
narcissist[nάːrsist]	나르시시스트	나르시시스트	05 국회 8급
narration[næréiʃən]	내레이션	나래이션	04 서울(10월) 9급 09 국회 8급
navigation[nævəgéiʃən]	내비게이션	네비게이션	13 기상, 13 서울 9급
net[net]	네트/넷		12 국회 8급
Newton[njúːtn]	뉴턴	뉴튼	15 국회 8급, 16 국가 9급
nonsense[nάnsens]	난센스	넌센스	09 국회 8급, 14 국회 8급 13 서울 9급, 14 지방 9급
Othello[ouθélou]	오셀로	오델로	09 국회 8급
outlet[áutlet]	아웃렛	아울렛	12 서울 9급, 12 국회 8급 15 지방 교육
pamphlet[pǽmflət]	팸플릿	팜플렛	15년 서울 9급, 11 서울 9급 09 국회 8급, 12 지방(상반기) 9급
panda[pǽndə]	판다	팬더	09 국회 8급, 15 기상
panel[pǽnl]	패널	판넬	15 지방 9급
Paris	파리	빠리	09 지방 9급, 09 지방 7급
←permanent	파마	퍼머	11 지방 7급
pierrot[píərou]<프>	피에로	삐에로	14 서울 9급, 05 국회 8급
placard[plǽkaːrd]	플래카드	플랭카드 플랜카드	09 국회 8급, 10 서울 9급 13 지방 7급, 10 지방 9급
poclain	포클레인	포크레인	15 기상
presentation [prèzəntéiʃən]	프레젠테이션	프리젠테이션	16 국가 9급
propose[prəpóuz]	프러포즈	프로포즈	14 국회 8급

원어	맞는 표기	틀린 표기	출제년도, 직렬, 직급
pulp[pʌlp]	펄프		12 국회 8급
recreation[rèkriéiʃən]	레크리에이션	레크레이션	13 기상
remote control [rimout kəntr'oul]	리모컨	리모콘	13 기상
report[ripɔ́:rt]	리포트	레포트	10 서울 9급, 14 지방 9급 14 2차 경찰 09 서울(7월) 9급
Ringer[ríŋər]	링거	링겔	15 국회 8급
robot[róubət]	로봇	로보트	10 서울 9급, 10 법원 11 경북 교육청 9급 12 국회 8급, 13 지방 7급 09 서울(7월) 9급
rocket[rάkit]	로켓	로케트	06 서울 7급, 14 지방 9급
rotary[róutəri]	로터리	로타리	11 국가 7급
royalty[rɔ́iəlti]	로열티	로얄티	13 기상
running[rʌniŋ]	러닝	런닝	15 지방 교육
sausage[sɔ́:sidʒ]	소시지	소세지	15 서울 9급, 06 서울 7급, 06 국회 8급, 09 국회 8급
saxophone [sǽksəfòun]	색소폰	색서폰	14 지방 9급
scout[skaut]	스카우트	스카웃	15 서울 9급
service[sə́:rvis]	서비스	써비스	15 서울 9급, 10 서울 9급 13 지방 9급, 14 지방 9급
shank[ʃæŋk]	섕크	생크	15 국회 9급
shop[ʃɔp]	숍	샵, 샾, 숖 등	04 국회 8급, 06 울산 9급 08 소방, 08 지방 9급 08 경남 9급, 11 국가 7급 13 지방 9급, 14 서울 7급
shrimp[ʃrimp]	슈림프	쉬림프	16 국가 9급
sign[sain]	사인	싸인	14 지방 9급
singapore[síŋgəpɔ̀:r]	싱가포르	싱가폴	14 국회 8급
sink(臺)	싱크대	씽크대	15 서울 9급
smooth[smu:ð]	스무드	스무스	06 울산 9급

원어	맞는 표기	틀린 표기	출제년도, 직렬, 직급
snack[snæk]	스낵	스넥	13 서울 9급
snowboard[snóubɔ̀:rd]	스노보드	스노우보드	12 국회 8급
sofa[sóufə]	소파	쇼파	15 서울 9급
sonata[sənɑ́:tə]<이>	소나타	쏘나타	13 지방 9급
sponge[spʌndʒ]	스펀지	스폰지	06 서울 7급, 11 국가 7급
sprinkler[spríŋklər]	스프링클러	스프링쿨러	15 국회 8급
standard[stændərd]	스탠더드	스탠다드	04 서울(10월) 9급
step[step]	스텝	스테프	12 국회 8급
supermarket [sju:pəmɑ:kɪt;su:-]	슈퍼마켓	수퍼마켓, 수퍼마켙 등	04 국회 8급, 08 소방 08 지방 9급, 15 서울 9급11 서울 9급, 10 법원 12 지방(상반기) 9급
symbol[símbəl]	심벌	심볼	13 지방 9급. 15 지방 교육
symposium [simpóuziəm]	심포지엄	심포지움	04 서울(10월) 9급 11 서울 9급 14·15 국회 8급 14 지방 9급, 10 지방 9급
talent[tǽlənt]	탤런트	탈렌트	13 기상
target[tɑ́:rgit]	타깃	타켓	13 지방 9급, 15 국회 8급
Tashkent	타슈켄트		14 국가 7급
television[téləvìʒən]	텔레비전	텔레비전, 텔레비	14 2차 경찰 14 지방 9급, 08 경남 9급
thrill[θril]	스릴	쓰릴	12 지방 7급
towel[táuəl]	타월	타올	06 서울 7급, 14 지방 9급
Turkey[tə́:rki]	터키	터어키	11 지방 7급
vision[viʒən]	비전	비젼	04 국회 8급, 06 부산 9급 16 1차 경찰
wag[wæg]	왜그		15년 국회 9급
whistle[hwísl]	휘슬	위슬	08 지방 9급, 08 소방
window[wíndou]	윈도	윈도우	06 국회 8급, 07 인천 9급 10 서울 9급
woe[wou]	워		15 국회 9급
workshop[wə:rkʃɔp]	워크숍	워크샵(샾, 숖)	11 서울 9급, 14 지방 9급

원어	맞는 표기	틀린 표기	출제년도, 직렬, 직급
yawn[jɔːn]	욘		15 국회 9급
yellow[jelou]	옐로	옐로우	06 울산 9급, 16 1차 경찰
zigzag[zígzæg]	지그재그	지그잭	09 지방 9급, 16 1차 경찰

| 이 책의 내용 |

공무원 '국어' 시험에 출제된 외래어 표기법과 관련된 문항을 분석하는 방법은 다음과 같다. 기본적으로 외래어 표기법 규정의 순서를 따랐지만 순서를 바꿔 '표기 일람표'부터 먼저 제시했다. 그 이유는 외래어는 철자가 아니라 발음에 따라 표기하기 때문이다. 그리고 규정을 제시한 후에는 그 규정에 대해 설명한 뒤, 공무원 '국어' 시험에서 출제된 외래어 표기법과 관련된 문제를 '기출 분석'으로 제시했다. 마지막에는 일상생활에서 많이 사용하지만 틀리기 쉬운 외래어 표기를 [오용 사례]로 제시했다. [오용 사례]에는 이것뿐만 아니라 책, 영화 포스터나 팸플릿과 같은 인쇄 매체에서 틀린 외래어 표기도 제시했다. 영상 매체의 효과를 생각한다면 외래어를 잘못 표기한 영화 제목은 언중들의 언어생활에 더 많은 영향을 미칠 것이다. 뒤에서 다시 살펴보겠지만 영화 제목 중에는 외래어 표기법에 어긋나는 것이 많다. 더군다나 처음 잘못 표기된 외래어는 사람들에게 각인되어 있기에 쉽게 바꿀 수 없어 문제는 더욱 심각해진다. 예를 들어 공룡이 등장하는 많은 영화들은 "쥬라기 공원"의 표기에 이끌려 '쥬라기'로 표기되어 있다. 여기서 다루는 영화는 현행 외래어 표기법이 고시된 1986년 이후에 제작된 영화로 제한했다. 그리고 영화는 '영화진흥위원회', '다음 영화', '네이버 영화'를 참고했으나, 포스터나 팸플릿에 표기된 것만을 대상으로 했다. 여러 사이트에서 제목으로 설정한 것은 제외했다.

그런데 '커피샾'과 같은 표기는 외래어 표기법의 기본 원칙과 모음을 표기하는 방법을 어겼다. 이럴 경우에는 부득이하게 제시한 순서가 달라질 수 있다. 이 책에서 공무원 '국어' 시험에 출제된 외래어 표기 문제를 분석할 때는 [2013, 서울 9급 4번 ② '바른 표기'], [2012, 서울 9급 14번 ① '틀린 표기 → 바른 표기']라는 방법을 사용했다. 이는 [출제연도, 직렬 직급 문항 번호 선택지 번호 '바른 표기']의 순서인데, 예를 들어 [2013, 서울 9급 4번 ② '도넛 판매점']의 형태이다. 또한 틀린 표기는 '→'를 사용하여 바른 표기를 표시했는데, [2012, 서울 9급 14번 ① '케잌 → 케이크']가 그 예이다. 다만, 일부 공무원 시험 문제는 공개되지 않아서 수험생들의 기억에 의존하여 복원한 문제이므로 실제 문제와 다를 수 있다.

한편 외래어 표기법에 맞지 않지만 그것이 회사 이름, 상품명 등의 고유 명사라면 인정되는 것이 있다. 예를 들어 미국 '제너럴 모터스'사(社)가 생산한 자동차 이름은 'Chevrolet'이다. 이 말은 스위스 태생의 미국 자동차 레이서이자 설계 제조자 '루이 셰브럴레이(Louis Chevrolet, 1879～1941)'의 이름에서 연유했다. 처음 이 말의 표기는 '시보레'였지만 해당 회사에서 상표명을 수정함에 따라 '쉐보레'가 되었다. 그래서 회사 이름, 상품명, 상표명 등의 고유 명사는 원칙적으로 다루지 않는다. 즉, 'dynasty'는 원어에서의 발음에 따라 표기하면 '다이너스티'가 되지만 '다이내스티'와 같이 이미 등록된 상호명이나 상품명은 등록된 상호대로 쓸 수 있다. 그래서 'dynasty'를 '다이너스티'로 표기한 것은 원어에서의 발음에 따른 표기이지 다른 것으로 해석해서는 안 된다. 만약 이와 다를 경우는 따로 밝혔다.

외래어는 원래 발음 정보가 제시되지 않으면 표기할 수 없지만 공무원 '국어' 시험에서는 발음 정보는 물론이고 철자도 제시하지 않는 경우가 많다. 하지만 이 책에서 발음에 대한 정보도 함께 제시하는 것을 원칙으로 했다.

1 표기 일람표

외래어 표기법에 제시된 국제 음성 기호와 한글 대조표는 아래와 같다.

자음			반모음		모음	
국제음성 기호	한글		국제음성 기호	한글	국제음성 기호	한글
	모음 앞	자음 앞 또는 어말				
p	ㅍ	ㅂ, 프	j	이	i	이
b	ㅂ	브	ɥ	위	y	위
t	ㅌ	ㅅ, 트	w	오, 우	e	에
d	ㄷ	드			ø	외
k	ㅋ	ㄱ, 크			ɛ	에
g	ㄱ	그			ɛ̃	앵
f	ㅍ	프			œ	외
v	ㅂ	브			œ̃	욍
θ	ㅅ	스			æ	애
ð	ㄷ	드			a	아
s	ㅅ	스			ɑ	아
z	ㅈ	즈			ɑ̃	앙
ʃ	시	슈, 시			ʌ	어
ʒ	ㅈ	지			ɔ	오
ts	ㅊ	츠			ɔ̃	옹
dz	ㅈ	즈			o	오
tʃ	ㅊ	치			u	우
ʤ	ㅈ	지			ə	어
m	ㅁ	ㅁ			ɚ	어
n	ㄴ	ㄴ				
ɲ	니*	뉴				
ŋ	ㅇ	ㅇ				
l	ㄹ, ㄹㄹ	ㄹ				
r	ㄹ	르				
h	ㅎ	흐				
ç	ㅎ	히				
x	ㅎ	흐				

위 표에서 [j], [w]의 '이'와 '오, 우', 그리고 [ɲ]의 '니'는 모음과 결합할 때는 제3장 표기 세칙에 따른다. 또한 [ə]는 독일어의 경우에는 '에', 프랑스 어의 경우에는 '으'로 적는다. 그런데 중국어와 같이 국제 음성 기호를 쓰지 않는 언어도 있고, 에스파냐 어, 이탈리아 어, 일본어 등과 같이 철자가 곧 음성 기호의 역할을 하는 언어도 있다. 따라서 별도의 한글 대조표에 따라 표기해야 한다.

오용 사례

- 가디건 cardigan[ká:rdigən], 센치미터 centimeter[séntəmì:tər], 스치로폼 styrofoam[stáiərəfòum]

'cardigan'의 'c'는 [k]로 발음되므로 '카디건'으로 표기해야 한다. 'centimeter'는 'centi'의 발음은 [senti-]이므로, '센티'와 '센티미터'가 맞는 표기이다. 그래서 국어처럼 구개음화시켜 '센치미터'로 표기하면 안 된다. 'styrofoam'[1]도 규정에 따르면 '스타이어러폼' 정도로 표기해야 하지만 관용에 따라 '스티로폼'으로 표기한다. 그런데 이것도 구개음화시켜 '스치로폼'으로 발음하고 표기하는 경우가 있는데, 잘못되었다.

---

1) 원래 '스티로폼'은 상품 이름이었다. 이처럼 외래어 중에는 상품명, 상표명, 회사 이름이었던 것이 보통 명사로 취급되는 것들이 있다. '스티로폼'뿐만 아니라 '라이방(ray ban)', '무스(<프>mousse)', '바셀린(vaseline)', '스카치테이프(scotch tape)', '아스피린(aspirin)', '제록스(xerox)', '지프(jeep)', '퀀셋(Quonset), '폴라로이드(polaroid)' 등이 모두 상품명에서 일반 명사가 된 예이다. '바바리코트(←Burberry coat)', '호치키스(hotchkiss)', '나일론(nylon)' 등은 상표 이름이 일반 명사가 된 것이고, '바리캉(<프>bariquant)', '클랙슨(klaxon)' 등은 제조 회사 이름이 일반 명사가 되었다. 고등학교 "문법" 교사용 지도서(2010: 125)에서는 '지포(zippo)', '크리넥스(kleenex)'도 이런 사례로 들고 있다.

2 외래어 표기의 기본 원칙

외래어 표기법의 '표기의 기본 원칙'은 모두 다섯 개의 항으로 구성되어 있다. [2009, 지방 7급 6번]이 이를 이용한 문항이었다. '표기의 기본 원칙'은 말 그대로 외래어를 표기하는 데에 적용되는 기본 원칙이므로 그 내용에 대해서 자세하게 살펴보자.

제1항 외래어는 국어의 현용 24 자모만으로 적는다.

제1항은 외래어를 표기하기 위해서 국어의 현용 24자모 외에 특별한 글자나 기호를 만들지 않겠다는 뜻이다. 외래어를 원음에 따라 충실하게 표기하는 것은 바람직한 일이다. 그러나 외래어 표기법은 외국어 표기법이 아니며, 우리말을 적기 위해 만들어진 한글은 우리말에 없는 소리를 적는 데는 한계가 있다. 예를 들어 영어의 [f], [v], [ʌ] 등의 소리를 적을 수 있는 한글 자모는 없다. 그렇다고 해서 새로운 기호를 제정하거나 'ㅸ', 'ㅿ' 등의 옛 글자를 살려 쓰는 것도 바람직하지 않다. 그 이유는 언중들에게 그것을 별도로 익혀야 하는 부담을 줄 수 있으며, 언중들이 이러한 표기를 잘 지키지 않을 수도 있기 때문이다.

여기서 유의해야 할 것은 현용 24자모에는 자음 글자인 'ㄱ, ㄴ, ㄷ, ㄹ, ㅁ, ㅂ, ㅅ, ㅇ, ㅈ, ㅊ, ㅋ, ㅌ, ㅍ, ㅎ'과 모음 글자인 'ㅏ, ㅑ, ㅓ, ㅕ, ㅗ, ㅛ, ㅜ, ㅠ, ㅡ, ㅣ'뿐만 아니라 'ㅐ, ㅒ, ㅔ, ㅖ, ㅘ, ㅙ, ㅚ, ㅝ, ㅞ, ㅟ' 등도 포함된다는 것이다. 다만 표기의 기본 원칙 제3항에 따라 서로 다른 두 개의 자음으로 이루어진 받침 글자 'ㄳ, ㄵ, ㄺ, ㄻ, ㄼ, ㄽ, ㄾ, ㄿ, ㅀ, ㅄ' 등은 사용할 수 없다. 그러므로 '마르크스(Marx, Karl Heinrich)'을 '맑스'로 표기하면 안 된다. 또한 표기의 기본 원칙 제4항에 따라 'ㄲ, ㄸ, ㅃ'은 원칙적으로 사용할 수 없고, 'ㅆ, ㅉ'은 부분적으로 허용된다. '으', '의'는 대부분의 외국어에 없는 소리이기에 사용되지 않고 있다.

제2항 외래어의 1음운은 원칙적으로 1기호로 적는다.

외래어의 1음운은 1기호로 표기하는 것이 이상적이다. 그 이유는 기억하기 쉽고 표기하는 데에도 편리하기 때문이다. 그런데 외국어와 우리말의 음운 수가 정확히 일치하지 않는다는 문제가 있다. 다른 외국어의 자음은 대개 27개인 데 비해 우리말의 자음은 19개이다. 따라서 외국어의 자음 2개를 우리말의 자음 1개로 표기해야 한다. 예를 들어 외국어의 '[b], [v]'는 'ㅂ'으로 적고, '[p], [f]'를 'ㅍ'으로 적는 것은 우리말의 자음 수가 대다수 외국어의 자음 수보다 적기 때문이다. 또한 'top'은 '톱', 'robot'은 '로봇', 'nest'는 '네스트'로 적는 것처럼 자음 [t]는 놓이는 환경에 따라 다른 소리로 적힐 수도 있기 때문에 '원칙적'이라는 표현을 사용하고 있다.

제3항 받침에는 'ㄱ, ㄴ, ㄹ, ㅁ, ㅂ, ㅅ, ㅇ'만을 쓴다.

외래어는 외국에서 온 말이지만 우리말처럼 쓰이기에 국어의 음운 규칙인 음절의 끝소리 규칙의 적용을 받는다. 국어에서 음절의 끝소리에서 발음될 수 있는 소리는 'ㄱ, ㄴ, ㄷ, ㄹ, ㅁ, ㅂ, ㅇ'의 일곱 개뿐이다. 그런데 외래어를 표기할 때에는 'ㄷ' 대신 'ㅅ'이 들어간다. 'racket'의 경우 '라켓'으로 표기하더라도 단독으로 쓰일 때의 발음은 [라켇]이다. 하지만 뒤에 모음으로 시작하는 형식 형태소[2) '-이', '-을' 등이 오면 [라케시], [라케슬] 등으로 발음되므로 'ㅅ'을 받침으로 적는다.

2) 실질 형태소에 붙어 주로 말과 말 사이의 관계를 표시하는 형태소로 문법 형태소라고도 한다. 조사, 어미 따위가 형식 형태소이다.

기출 분석

[2004, 국회 8급 7번 ⑤ '커피샾 → 커피숍']
[2012, 서울 9급 14번 ① '케잌 → 케이크']
[2014, 서울 7급 19번 ② '숖 → 숍']
[2008, 지방 9급 1번 ① '커피숖 → 커피숍', ③ '케잌 → 케이크', ④ '디스켙 → 디스켓']
[2014, 지방 9급 2번 ① '워크숍']

기출 문제는 원어의 철자인 'k, t, p'에 이끌려 받침을 'ㅋ, ㅌ, ㅍ' 등으로 표기한 것들이다. 영화 제목 중에도 이런 표기가 있는데, "딮 다운"(Deep Down, 1994), "딮 식스"(DeepStar Six, 1989), "SX 테잎"(SX TAPE, 2013) 등이 그 예이다. 또한 영화 "슈렉 3"(Shrek the Third, 2007)의 팸플릿에는 '가장 쇍스러운 놈들'이라는 표기도 있다.

오용 사례

○ 랲 wrap[ræp]

최근에 제3항에 어긋나는 표기는 많이 줄었다. 그런데 "몸에 감듯이 입는 넉넉한 옷"을 통틀어 이르거나, "식품 포장에 쓰는 폴리에틸렌제의 얇은 막"을 이르는 외래어를 '랲'으로 표기하는 경우가 아직도 보이는데, '랩'으로 표기한다.

제4항 파열음 표기에는 된소리를 쓰지 않는 것을 원칙으로 한다.

제4항은 유성 파열음과 무성 파열음의 대립이 있는 다른 나라 말을 한글로 표기할 때, 유성 파열음은 예사소리(ㅂ, ㄷ, ㄱ)로 적고, 무성 파열음은 거센소리(ㅍ, ㅌ, ㅋ)로 적는다는 규정이다. 우리말의 파열음은 예사소리, 된소리, 거센소리로 3항 대립하지만 외국어의 파열음은 대부분 무성음 [p], [t], [k]와 유성음

[b], [d], [g]로 2항 대립하다. 또한 언어에 따라서 국어의 무성 파열음은 거센소리에 가까울 수도 있고, 된소리에 가까울 수도 있다. 이를 언어에 따라 다르게 표기한다면 표기법의 간결성과 체계성에 문제가 생길 수 있다. 따라서 파열음 표기에는 된소리를 쓰지 않는다는 기본 원칙을 둔 것이다. 다만 관용적으로 쓰이는 '껌(←gum)', '빨치산(←partizan<러>)', '히로뽕(←hiropon<일>)' 등은 된소리 표기를 인정한다.

지난 2004년 12월 20일에 새롭게 고시된 말레이인도네시아 어, 타이 어, 베트남 어 등 동남아시아 3개 언어의 외래어 표기법에서는 파열음의 된소리를 허용한다. 그 동안 'ㅆ', 'ㅉ' 등은 일본어와 중국어 표기에 사용하여 왔으나 파열음의 된소리는 외래어 표기에서 사용하지 않는 것이 원칙이었다. 그러나 타이 어와 베트남 어는 우리말처럼 예사소리, 된소리, 거센소리가 구분되므로 된소리를 허용하였다. 다만 말레이인도네시아 어처럼 예사소리와 거센소리 두 가지 구분만 존재하는 언어에 대해서는 다른 언어들과 마찬가지로 된소리를 쓰지 않는다. 이에 따라 타이의 도시는 '푸껫'으로 적는다.

우리말 된소리는 이 외에도 마찰음의 된소리인 'ㅆ'과 파찰음의 된소리인 'ㅉ'이 더 있는데, 이런 된소리들은 파열음의 된소리보다 제약은 덜 하지만 원칙적으로 외래어 표기에 사용하지 않는다. 그러나 중국어의 주음부호(注音符號)와 한글 대조표에 따라 중국어 표기에는 'ㅉ'를 쓸 수 있으며, 일본어 'つ'는 일본어의 가나와 한글 대조표에 따라 '쓰'로 표기한다. 따라서 '지진 해일'을 이르는 일본어 'tsunami[津波]'는 '쓰나미'로 표기하고, '샤쓰', '짜장면'은 관용으로 인정한다.

기출 분석

[2010, 소방 16번 ① '가스']
[2013, 기상 2번 ① '딸러 → 달러']
[2009, 국회 8급 21번 ③ '콩트']
[2010, 서울 9급 5번 ② '서비스']
[2014, 서울 9급 6번 '콩트', '더블', '게임', '피에로'의 단어에 공통적으로 적용된 외래어 표기의 원칙]
[2015, 서울 9급 6번 ① '싱크대']
[2015, 서울 9급 6번 ① '서비스']
[2014, 서울 7급 19번, ① '빽 → 백', ③ '가스']
[2008, 지방 9급 1번 ① '가운', ② '꽁트 → 콩트', ③ '까스 → 가스']
[2009, 지방 9급 2번 ④ '빠리 → 파리']
[2012, 지방 9급(상반기) 3번 ③ '꼬냑 → 코냑']
[2013, 지방 9급 5번 ② '서비스', ③ '소나타']
[2014, 지방 9급 2번 ① '서비스', ④ '싸인 → 사인']
[2008, 지방 7급 1번 ③ '재즈']
[2011, 국가 7급 2번 ④ '재즈']

제4항과 관련된 기출 문제는 '딸러', '빽', '꽁트' 등이 파열음 표기와 관련되어 있고, 나머지는 마찰음과 파찰음에서 된소리가 표기된 것이 많다. 외래어 표기에서는 원칙적으로 된소리 표기는 허용되지 않는다고 생각해야 한다.

오용 사례

○ 돈까스(ton[豚]kasu), 빽 back[bæk]

'돈가스'는 '포크커틀릿(pork cutlet)'이라고도 한다. 영화 제목 중에는 파열음의 된소리를 표기한 경우를 종종 볼 수 있다. "빽"(Back, 2004), "빽 투 더 퓨쳐 2"(Back To The Future Part 2, 1989), "쁘띠 마르땅"(Marty's World·Le Monde de Marty, 2000), "엘 꼰드로 빠사"(El Condor Pasa, 2012) 등이 대표적이다. 영화 제목 또는 애완견 이름인 'Papillon'이 심의되지 않았지만 [papijɔ̃]이라는 프

랑스 어의 발음을 바탕으로 표기했을 때, '파피용' 정도로 표기할 수 있다. '베르나르 베르베르'의 소설 "(Le)papillon des etoiles(전미연 옮김: 2013, 열린책들)"은 "파피용"으로 표기하는 것이 맞다. 다만 영화 "죠스"(jaws, 1975)나 "타이타닉"(titanic, 1996)처럼 관용을 인정할 가능성은 있다.

제5항 이미 굳어진 외래어는 관용을 존중하되, 그 범위와 용례는 따로 정한다.

제5항은 외래어 중 이미 오랫동안 쓰여 아주 굳은 경우는 관용대로 적는다는 규정이다. 그 이유는 외래어 표기법의 목적이 언어생활의 편의를 제공하기 위한 것인데, 외래어 표기를 갑자기 바꾼다면 언어생활에 혼란이 오기 때문이다. 관용에 따른 표기의 대표적인 것으로 '삐라(←Pira<일>)', '비타민(vitamin[váitəmin])', '샤쓰=셔츠(←shirt)', '짬뽕(←champon<일>)', '판타지(fantasy)', '히로뽕(←hiropon<일>)' 등이 있다.

기출 분석

[2014, 2차 경찰 10번 ④ '초콜렛 → 초콜릿']
[2013, 기상 2번 ② '코미디']
[2015, 기상 12번 ② '깐풍기', ④ '판다']
[2009, 국회 8급 21번 ④ '판다']
[2008, 지방 9급 1번 ④ '사이다']
[2014, 지방 9급 2번 ② '판타지']
[2009, 국회 8급 21번 ④ '초콜릿]
[2004, 서울(10월) 9급 4번 ⑤ '초콜렛 → 초콜릿']
[2010, 서울 9급 5번 ① '초콜렛 → 초콜릿']
[2013, 지방 9급 5번 ④ '초콜릿']
[2014, 지방 9급 2번 ② '색소폰']
[2013, 지방 7급 4번 ② '초콜렛 → 초콜릿']

'panda'의 영어식 발음은 [pǽndə]이므로 '팬더'로 적어야 하지만 관용에 따라 '판다'로 표기한다. 자주 출제된 'chocolate'의 외래어 표기는 외래어 표기법 제

2장, 제3장 규정을 따르는데, 두 번째 음절의 모음을 [ㅗ]로 소리 내는 관용을 존중하여, '초콜릿'으로 적는다. 그런데 영화 제목에서 'chocolate'의 표기는 "찰리와 초콜릿 공장"(Charlie and the Chocolate Factory, 2005), "초콜렛"(Chocolate, 2012) 등으로 혼란스럽게 쓰인다. 'comedy', 'cider', 'saxophone'은 각각 '코메디', '사이더', '색서폰'으로 적는 것이 원칙에 맞지만 관용에 따라 '코미디', '사이다', '색소폰'으로 표기한다. 그런데 'saxophone'과 달리 'saxhorn'은 '색스혼'으로 표기한다.

일상생활에서 많이 사용하는 말 중에는 관용에 따른 표기가 많다. 'catalog[kǽtəlɔ̀:g]'도 '캐털로그' 정도로 표기해야 하지만 관용에 따라 '카탈로그'로 표기한다. 'accelerator[əksélərèitər]'도 관용에 따라 '액셀러레이터'로 표기한다. 만화 주인공 '뽀빠이'의 원어는 'Popeye'이므로 발음대로 적으면 '포파이'이 정도가 될 것이다. 그러나 이 말은 '뽀빠이'로 적는 관용을 존중한다. 따라서 '멜빵바지'의 동의어도 '뽀빠이바지'가 된다.

오용 사례

○ 액센트 accent[ǽksent], 알미늄 aluminum[æljumíniəm], 카톨릭 Catholic[kǽθəlik], 세레모니 ceremony[sérəməni], 달마시안 Dalmatian[dælméiʃən], 도어로크/도어락 door lock[dɔ:r lɔk], 에머랄드 emerald[émərəld], 재칼 jackal [dʒǽkəl<미>]/[dʒɔ:lkəl<영>], 매니아 mania[méiniə], 메타스콰이아 metasequoia[mètəsikwɔ́iə], 옵저버 observer[əbzə́:rvər], 플라시보 placebo[pləsi:bou], 라지에이터 radiator[réidièitər], 로케트 rocket[rɑ́kit<미>]/[rɔ́kit<영>], 소킷/소케트 socket[sɑ́kit<미>]/[sɔ́kkit<영>], 테크놀러지 technology[teknɔ́lədʒirocket]

'accent'는 관용에 따라 '악센트'로 적는다. 'Catholic'은 '캐스릭' 정도로 표기하는 것이 외래어 표기법에 맞지만 관용에 따라 '가톨릭'으로 표기한다. 'ceremony'도 '세러머니' 정도로 적을 수 있지만 관용에 따라 '세리모니'로 표기하고, 개의 품종을 가리키는 말은 '달마티안'으로 표기해야 하는데,

“102 달마시안”(102 Dalmatians, 2000)이라는 제목의 영화가 있다. ‘emerald’는 ‘에머럴드’ 정도로 표기하는 것이 맞지만 관용에 따라 ‘에메랄드’로 표기한다. 갯과의 동물인 ‘jackal’은 ‘자칼’로 표기하며, ‘metasequoia’는 ‘메타세쿼이아’로 표기한다.

회의 따위에서 특별히 출석이 허용된 사람을 뜻하는 ‘observer’도 발음대로 쓰면 ‘옵저버’가 되어야 하지만 관용적 쓰임을 인정하여 ‘옵서버’로 표기한다. 다만 영국 언론인 ‘옵저버(Observer)지(紙)’는 ‘옵저버’로 표기할 수 있을 것이다.[3] ‘placebo’도 ‘플라시보’로 적어야 하지만 관용적 표기를 인정하여 ‘플라세보’로 적는다. ‘aluminum’도 관용에 따라 ‘알루미늄’으로 표기하고, ‘radiator’, ‘socket’, ‘technology’는 관용에 따라 ‘라디에이터’, ‘소켓’, ‘테크놀로지’로 표기한다. ‘rocket’은 ‘로킷’ 정도로 표기하는 것이 맞지만 관용에 따라 ‘로켓’으로 표기한다. 영화 제목 중에는 “로켓트는 발사됐다”(The rocket is launched, 1997)라는 것도 있다.

짧은 모음 다음의 어말 무성 파열음 [k]는 받침으로 적는다는 외래어 표기법에 따라 ‘lock[lɔk]’는 ‘록’으로 적는 것이 맞다. ‘인터로크(interlock)’, ‘스티어링로크(steering lock)’, ‘베이퍼 로크(vapor lock)’에서 ‘lock[lɔk]’를 ‘로크’로 표기하는 것은 관용에 따른 표기이다. 이에 비해 ‘푸시록(push lock)’으로 표기하는 것은 외래어 표기법에 따른 것이다. 한편 최근에 많이 사용되는 ‘door lock’의 표기는 아직 정해져 있지 않은데, ‘도어 록/도어록’과 같이 ‘록’으로 적어야 할 것이다.

관용 표기에서 한 가지 살펴야 할 것이 있다. ‘mania[méiniə]’는 ‘메이니어’ 정도로 표기하는 것이 외래어 표기 원칙에 맞지만 관용에 따라 ‘마니아’로 표기한다. 그런데 이 말과 관련성이 있는 ‘maniac[méiniæk]’의 표기가 문제이다. 표기 원칙에 따르면 ‘메이니액’ 정도로 표기하는 것이 맞지만 관용적 표기인 ‘마니아’와 관련성을 고려한다면 ‘마니액’ 정도로 표기할 수 있다. 국립국어원의 ‘온라인가나다’ 답변(2016. 04. 26.)에서도 ‘마니액’ 으로 표기하는 것이 적절하다고

3) ‘Elle’가(이) 프랑스 어일 때는 ‘엘’로 표기하고, 독일어일 때는 ‘엘레’로 표기한다. 그런데 ‘엘르’라는 이름의 잡지인 경우에는 ‘엘르’도 가능할 것이다.

한다. 그렇다면 "레슬매니악"(Wrestlemaniac, 2006), "매니악: 슬픈 살인의 기록"(Maniac, 2012), "님포매니악"(Nymphomaniac, 2013) 등의 영화 제목의 표기는 잘못되었다. 아울러 'fantasy'도 관용에 따라 '판타지'로 표기하고 이 말과 관련이 있는 'fantasia'는 '판타지아'로 표기하므로 'fantastic'도 "판타스틱"(Fantastic) 시리즈처럼 '판타스틱'으로 표기하는 것이 맞다. 그런데 "환타스틱 모던 가야그머"(Fantastic Journey of The Modern Gayagumer, 2011), "환타스틱 러브짐: 전쟁 같은 사랑"(2015)과 같은 영화 제목이 있다.

3 표기 세칙

외래어 표기법 제3장은 영어, 독일어, 프랑스 어, 에스파냐 어, 이탈리아 어, 일본어, 중국어, 폴란드 어, 체코 어 등의 표기 세칙으로 구성되어 있다. 그런데 우리말 속의 외래어는 대부분이 영어에서 온 것이라는 점을 고려해서 여기서는 영어의 표기 세칙을 중심으로 살펴보았다.

01. 자음의 표기

(1) 무성 파열음의 표기

제1항 무성 파열음 ([p], [t], [k])

1. 짧은 모음 다음의 어말 무성 파열음([p], [t], [k])은 받침으로 적는다.
2. 짧은 모음과 유음 · 비음([l], [r], [m], [n]) 이외의 자음 사이에 오는 무성 파열음([p], [t], [k])은 받침으로 적는다.
3. 위 경우 이외의 어말과 자음 앞의 [p], [t], [k]는 '으'를 붙여 적는다.

제1항 1에 따라 'gap[gæp]', 'cat[kæt]', 'book[buk]'은 각각 '갭', '캣', '북'으로 표기한다. 제1항 2에 따라 'apt[æpt]'는 '앱트'로 'setback[setbæk]'은 '셋백'으로 'act[ækt]'는 '액트'로 표기한다. 그리고 제1항 3에 따라 'antique[æntíːk]', 'cake

[keik]', 'jeep[dʒiːp]', 'stamp[stæmp]', 'turtle[tə́ːrtl]'은 각각 '앤티크', '케이크', '지프', '스탬프', '터틀'로 표기해야 한다. 특히 '골동품' 또는 '옛날의'라는 뜻을 나타내는 'antique'는 일상생활에서 '앤틱'으로 많이 쓰고 있지만 '앤티크'로 표기해야 한다.

그런데 제1항 무성 파열음 표기에는 많은 예외가 존재한다. 특히 1음절로 된 영어의 어말 무성 파열음은 예외가 많다. 'bit[bit]', 'check[ʧek]', 'hat[hæt]', 'hip[hip]', 'jet[dʒet]', 'knock[nak]', 'lock[lak]', 'mat[mæt]', 'net[net]', 'nut[nʌt]', 'set[set]', 'shock[ʃɔk]' 등은 제1항 1에 따라 '빗, 첵, 햇, 힙, 젯, 낙, 락, 맷, 넷, 넛, 셋, 쇽' 등으로 표기해야 하지만 예외적으로 '비트, 체크, 해트, 히프[4], 제트, 노크, 로크, 매트, 네트, 너트, 세트, 쇼크' 등으로 표기한다. 이 중 '네트'는 '넷'으로 표기할 때도 있다. 다만 이미 '네트'라는 형태로 굳어진 '네트 아웃(▼net out), 네트 오버(▼net over=오버 네트), 네트워크(network)', '네트 인(▼net in)', '네트 터치(net touch=터치 네트)', '골네트(goal net)', '백네트(▼back net)', '헤어네트(hairnet)' 등은 '네트'로 표기한다. 이에 비해 '유즈넷(usenet)', '인터넷(internet)', '인트라넷(intranet)' 등은 원칙에 따른 표기이다. 'set'도 '셋'으로 표기할 경우가 있는데, '오프셋(offset)', '퀀셋(Quonset)', '셋톱박스(settop box)' 등이 그 예이다.

'dot[dat<미>/dɔt<영>]'도 단모음 다음에 't'가 있기에 영국식 발음에 따라 '돗'으로 적는 것이 원칙에 맞는 표기이지만 '도트 프린트'와 같은 형태로 쓰이기에 '도트'로 적는다. 반면 '.com'을 우리말로 표기할 때에는 '닷컴'으로 표기하는데, 이번에는 온점(.)을 가리키는 'dot[dat<미>/dɔt<영>]'의 미국식 발음에 따라 '닷'으로 표기한다.

한편, 독일어와 프랑스 어의 무성 파열음은 '으'를 받쳐 적는 것이 원칙이다. 그래서 'arbeit[Arbeit]', 'baguette[bægét]', 'conte[kɔ́ːnt]', 'minuet[mìnjuét]'는 각각 '아르바이트', '바게트', '콩트', '미뉴에트'로 적는다. 일상생활에서 '바게

---

4) 'hiphop'은 '힙합'으로 표기한다. 또한 '사선주머니'로 다듬은 'front hip pocket'은 '프런트 힙 포켓', '골반띠'로 다듬은 'hip belt'는 '힙 벨트', '골반치마'로 다듬은 'hipbone skirt'는 '힙본 스커트', '길거리 농구'로 다듬은 'hiphop+hoop'은 '힙후프'로 표기한다.

뜨'로 많이 표기하는데, 틀린 표기이다. 또한 등산 도중 거친 날씨나 사고 등 예상치 못한 사태가 일어났을 때, 한데서 밤을 지새우는 일을 뜻하는 말 'Biwak'는 독일어에서 온 말인데 위의 원칙에 따라 '비박'이 아니라 '비바크'로 표기해야 한다. 그런데 여기에도 예외가 있다. 'cognac[kóunjæk]', 'croquette [kroukét]', 'etiquette[étiquette]', 'silhouette[sìluét]' 등과 같이 영어권에서 통용되는 독일어나 프랑스 어의 무성 파열음은 받침으로 표기해야 하므로 각각 '코냑', '크로켓', '에티켓', '실루엣' 등으로 표기한다.

기출 분석

[2014, 2차 경찰 10번 ① '케잌 → 케이크']
[2012, 국회 8급 1번 ① '로봇', '보이콧', '스텝', ② '카페트' → '카펫', '지프', '케이크', ③ '데이트', '브레이크' ④ '펄프', '네트', '아웃렛' ⑤ '갭']
[2015, 국회 8급 1번 ④ 카펫, ⑤ '플루트']
[2006, 서울 7급 4번 ③ '로케트 → 로켓']
[2010, 서울 9급 5번 ④ '로봇']
[2012, 서울 9급 14번 ① '케잌 → 케이크', ③ '아울렛 → 아웃렛']
[2015, 서울 9급 6번 ② '스카우트']
[2008, 지방 9급 1번 ③ '플룻 → 플루트']
[2013, 지방 9급 5번 ① '디스켓', ④ '플루트']
[2014, 지방 9급 2번 ③ '로케트 → 로켓']
[2012, 지방 7급 3번 ① '케이크']
[2013, 지방 7급 4번 ④ '로봇']
[2015, 지방 교육 6번 ② '아웃렛']

'outlet[áutlet]', 'outline[áutlain]'은 외래어 표기법 제1항 3 "위 경우 이외의 어말과 자음 앞의 [p], [t], [k]는 '으'를 붙여 적는다."라는 규정에 따라 '아우트렛', '아우트라인'으로 표기해야 한다. 하지만 'outlet'은 관용에 따라 '아웃렛'으로 표기한다.

오용 사례

- 코크/콕크 cock[kak<미>]/[kɔk<영>], 서키트 circuit[sə́ːrkit], 데크 deck[dek], 프리기트 frigate[frígit], 내프킨 napkin[nǽpkin], 패트리어트 patriot[pǽtriət], 페트 pet[pet], 로보트 robot[róubɔt]
- 크릭 creek[kriːk], 크립 creep[kriːp], 딥 deep[diːp], 킵 keep[kiːp], 나잇 knight[nait], 라잇 light[lait], 네트웍스 networks, 나잇 night[nait], 샾/샵 sharp[ʃaːrp], 숏 short[ʃɔːrt], 슬립 sleep[sliːp], 스트릿 street[striːt], 스윗 suite[swiːt], 스웻 sweat[swet], 스윗 sweet[swiːt], 트와일라잇twilight[twáilàit], 윅 week[wiːk]
- 어택커 attacker[ətǽkər], 킥커 kicker[kíkər], 랩핑 lapping[lǽpiŋ], 럭키 lucky[lΛki], 맵핑mapping[mǽpiŋ], 셋팅 setting[sétiŋ], 랩퍼 rapper[rǽpər]

파열음 표기 오류는 몇 가지로 나눌 수 있다. 하나는 단모음 뒤의 파열음 [p], [t], [k]를 받침으로 적지 않고 '으'를 받쳐 적은 경우이다. 흔히 '수도코크/콕크'라고 하는데, '콕'이라는 말이 사전에 등재되어 있으므로 '수도 콕'이 맞는 표기이다. 'deck'은 단모음 뒤에 파열음이 오므로 '덱'으로 표기해야 한다. 따라서 'cassette deck', 'tape deck'도 '카세트 덱', '테이프 덱'으로 표기한다. 'circuit'은 '서키트'가 아니라 '서킷'으로 표기하고, 군함의 하나인 'frigate함(艦)'은 '프리깃'으로 표기한다. 'patriot'도 단모음 뒤에 파열음 [t]가 있으므로 '패트리엇'으로 표기해야 하는데, "패트리어트: 늪 속의 여우"(The Patriot, 2000)라는 영화 제목이 있다. 애완동물을 뜻하는 'pet'은 '펫'으로 표기하는데 비해 음료를 담는 일회용병인 'PET[polyethylene terephthalate]병(甁)'은 '페트병'으로 표기한다. 'napkin'의 'p'는 짧은 모음 다음에 오므로 '냅킨'으로 표기한다. 'robot'에서 't'도 받침으로 적어야 하므로 "로보트 태권브이 90"(Robot Tae Kwon V 90, 1990)과 같은 제목도 외래어 표기법에 맞지 않다. 한편 'trot'는 우리나라 대중가요의 하나를 가리킬 때에는 관용에 따라 '트로트'라고 표기하지만 승마에서 말의 총총걸음을 이르거나 1910년대 초기에 미국에서 시작한 사교 춤곡을 이를 때에는 '트롯'이라 표기한다.

두 번째 오류 유형은 제1항 1과 2 이외에는 어말의 무성 파열음 [p], [t], [k]

는 '으'를 받쳐 적어야 하지만 받침으로 적은 경우이다. 'creek'과 'creep'는 각각 '크리크', '크리프'로 표기해야 하지만 "울프 크릭"(Wolf Creek, 2005), "크립"(Creep, 2004)으로 표기된 영화 제목이 있다. 'deep'는 '디프'로 표기해야 하지만 '딥'으로 표기하는 경우가 많다. "딥 임팩트"(Deep Impact, 1998), "딥 블루 씨"(Deep Blue Sea, 1999) 등처럼 'deep'를 '딥'으로 표기한 영화가 대부분이며, 심지어 "딮 식스"(DeepStar Six, 1989), "딮 다운"(Deep Down, 1994)으로 제목을 표기한 영화도 있다. 'keep'도 장모음 뒤에 [p]가 있으므로 받침이 아니라 '으'를 붙여 '키프'로 표기한다. 외래어 표기 용례에도 "럭비풋볼, 축구, 하키, 농구 따위에서, 공을 상대편에 넘겨주지 않고 수비하는 일"을 '키프'로 표기하고, 탁구, 배구, 테니스 따위에서 서브한 편이 이기는 일을 뜻하는 'serve keep'를 '서브 키프'로 표기한다. 그런데 영화 제목 중에는 "컴퍼니 유 킵"(The Company You Keep, 2012)이 있다. 'sleep'도 '슬리프'로 표기해야 한다. 그런데 "브라더 오브 슬립"(Brother Of Sleep, 1995), "인 마이 슬립"(In My Sleep 2009), "슬립리스 나이트"(Sleepless Night, 2011), "슬립타이트"(SLEEP TIGHT, 2011), "윈터 슬립"(Winter Sleep, 2014) 등 많은 영화 제목이 '슬립'으로 표기되어 있다.

'knight'나 'night'는 '나이트'로 표기해야 하는데, 많은 영화들이 '나잇'으로 표기하고 있다. 2015년 개봉된 "쓰리 썸머 나잇"(Three Summer Night)은 '스리 서머 나이트'로 적어야 하고, "나잇 & 데이"(Knight & Day, 2010), "라스트 나잇"(Last Night, 2010) 등은 '나이트'로 표기해야 한다. 이에 비해 "다크 나이트 라이즈"(The Dark Knight Rises, 2012) 등은 바르게 표기되었다. 'midnight'이나 'good night'도 '미드나잇', '굿나잇'이 아닌 '미드나이트', '굿나이트'로 표기해야 한다. 'light'도 [lait]로 발음되므로 "콜드 라잇 오브 데이"(The Cold of Day light, 2012)처럼 '라잇'으로 표기하는 것이 아니라 '라이트'로 표기한다. 'twilight'도 '트와일라이트'로 표기해야 하므로 "트와일라잇"(Twilight, 2008)이라는 영화 제목의 표기도 잘못되었다.

'network'는 '네트웍'이 아니라 '네트워크'로 표기하므로 그 복수형도 '네트웍스'가 아니라 '네트워크스'로 표기한다. 'sweat[swet]'의 표기는 정해진 것은 없다. 다만 다듬은 말 목록에서 'sweat shirt'를 '스웻 셔츠'가 아니라 '스웨트셔츠' 또는 '땀셔츠'로 표기하는 것을 볼 때 '스웨트'로 표기해야 할 것이다. "스웻"(Sweat, Sueurs, 2002)이라는 제목으로 소개된 영화가 있다. 'short'는 '쇼트'로 표기하므로 야구 용어인 'short bound'는 '숏 바운드'가 아닌 '쇼트 바운드'로 표기한다. 영화 제목 중에는 "숏버스"(Shortbus, 2006), "숏컷"(The Shortcut, 2009), "숏텀 12"(Short Term 12, 2013)처럼 '숏'으로 표기된 것들이 있다. 음악 기호인 '#'(올림표)는 '샤프'로 표기한다. 'street'도 무성 파열음이 장모음 뒤에 오므로 '스트리트'로 표기해야 하지만 "뉴 러브 스트릿"(New Love Street, 1994)과 같은 영화 제목이 있다. 'suite'는 '스위트'로 표기하므로 "스윗 프랑세즈"(Suite Francaise, 2014)라는 영화 제목도 '스위트 프랑세즈'로 표기해야 한다. 'sweet' 역시 [swiːt]로 발음되므로 '스윗'으로 적지 않는다. 'week'는 '위크'로 표기하므로 복수형 역시 '위크스'로 표기해야 한다. 그런데 "투 윅스 노티스"(Two Weeks Notice, 2003), "3윅스 투 데이토나"(3 Weeks to Daytona, 2011)와 같은 영화 제목이 있다.

세 번째 오류 유형은 어말의 무성 파열음을 적을 때 'ㄱ', 'ㅂ' 등을 중복해서 적는 유형이다. '어택커'는 '어태커'로 표기해야 할 것이며, '랩핑'[5], '맵핑'이 아니라 '래핑', '매핑'으로 표기한다. 'luck'도 '러키'로 표기해야 하지만 '럭키'로 표기하는 경우가 많다. 실제 영화 제목도 "럭키 가이"(The Lucky Guy, 1998), "럭키 넘버 슬레븐"(Lucky Number Slevin, 2006), "해피고 럭키"(Happy Go Lucky, 2008), "럭키"(Lucky, 2011), "마이 럭키 스타"(My Lucky Star, 2013)처럼 대부분이 '럭키'로 표기되어 있다. '셋팅', '셋트'에서는 'ㅅ'을 받침으로 적기도 하는데, '세팅', '세트'로 표기한다.

5) 국립국어원의 다듬은 말 목록에서는 'overlapping'을 '오버랩핑(겹치기)'으로 표기하기도 하고, '오버래핑하다', '오버래핑 그립'으로 표기하기도 한다. <표준국어대사전>에서는 '오버래핑(오버래핑 그립)'으로 표기한다.(마지막 검색일: 2016. 06. 06)

(2) 유성 파열음의 표기

> 제2항 유성 파열음([b], [d], [g])
> 어말과 모든 자음 앞에 오는 유성 파열음은 '으'를 붙여 적는다.

우리말에서는 파열음의 유성음과 무성음이 구별되지 않는다. 그래서 외래어 표기법에서는 유성 파열음을 예사소리로 적는다. 제2항에 따라 'zigzag[zigzæg]'는 '지그재그'로 표기한다. 그런데 유성 파열음의 경우에도 예외가 많다. 특히 1음절로 된 외래어 중에서 어말의 유성 파열음이 [b]인 경우가 그렇다. 'bag[bæg]', 'job[dʒab]', 'web[web]'는 '배그', '자브', '웨브'로 적는 것이 원칙이지만 예외적으로 '백', '잡', '웹[6]'으로 적는다. 'drug'의 발음은 [drʌg]이므로 '드럭'이 아니라 '드러그'로 표기한다. <표준국어대사전>에도 '프로드러그'(prodrug) 등이 등재되어 있지만 "러브 & 드럭스"(Love And Other Drugs, 2010)로 표기된 영화가 있다.

기출 분석

[2012, 서울 9급 14번 ④ '로브스터']
[2009, 지방 9급 2번 ③ '지그잭 → 지그재그']
[2012, 지방 7급 3번 ③ '로브스터']
[2015, 국회 8급 1번 ② '로브스터']
[2016, 1차 경찰 10번 '지그재그']

제2항에 따라 'lobster[lάbstər<미>]/[lɔ́bstər<영>]'는 '로브스터'로 표기해야 하지만 제124차 외래어 심의회(2015. 12. 02.)에서 '랍스터'를 복수 외래어 표기로 인정했다.

6) 출판에서 "윤전기 따위에 쓰는 둥글게 이어 만 종이"를 이를 때에는 '웨브'로 표기한다. '권취지(卷取紙)'라고도 한다.

오용 사례

○ 애드립 ad lib[æd líb], 바리케이트 barricade[bǽrəkèid], 밥슬레이 bobsleigh[bɑ:bslei], 바오밥나무 baobab[[béioubæb], 독 dog[dɔg], 덕아웃 dugout[dʌgaut], 킹 크랩 king crab[kræb], 랙 lag[læg], 랙타임 ragtime[rægtaım], 로빈 훗 Robin Hood, 세컨 second[sékənd], 탭 tab[tæb], 탭 tag[tæg]

위의 외래어들은 모두 어말 또는 자음 앞의 유성 파열음 표기가 잘못된 것들이다. 이 말들은 각각 '애드리브', '바리케이드', '봅슬레이', '바오바브나무', '도그', '더그아웃', '킹 크래브', '래그', '래그타임', '로빈 후드', '세컨드', '태브', '태그'로 표기해야 한다. 'dog'는 '도그'로 표기해야 하므로 'bulldog', 'hotdog'은 '불독', '핫독'이 아니라 '불도그', '핫도그'로 표기해야 한다. 영화 제목 중에도 "알파독"(Alpha Dog, 2006), "언더독"(The Underdog, 2015) 등 'dog'를 '독'으로 표기한 것들이 많다. 'dogs'도 '독스'가 아니라 '도그스'로 표기해야 한다. "세컨 찬스"(En chance til A Second Chance, 2014)와 같은 영화 제목이 있는데, '세컨드 찬스'로 표기해야 한다. 'and'도 "마더 앤 차일드"(Mother and Child, 2009)처럼 '앤'으로 표기하는 것이 아니라 '앤드'로 표기한다.

컴퓨터에서 '지연', '지체'를 의미하는 'lag'는 '래그'로 표기하는 것이 맞지만 일상생활에서는 '랙'으로 사용되고 있다. 'tab'은 '태브'로 표기해야 하므로 컴퓨터 자판 중에서 '징검(글)쇠'을 이르는 'Tab key'도 '태브 키'로 표기한다. '꼬리표' 등을 뜻하는 'tag' 역시 '태그'로 표기한다.

(3) 마찰음의 표기

제3항 마찰음([s], [z], [f], [v], [θ], [ð], [ʃ], [ʒ])
1. 어말 또는 자음 앞의 [s], [z], [f], [v], [θ], [ð]는 '으'를 붙여 적는다.
2. 어말의 [ʃ]는 '시'로 적고, 자음 앞의 [ʃ]는 '슈'로, 모음 앞의 [ʃ]는 뒤따르는 모음에 따라 '샤', '섀', '셔', '셰', '쇼', '슈', '시'로 적는다.
3. 어말 또는 자음 앞의 [ʒ]는 '지'로 적고, 모음 앞의 [ʒ]는 'ㅈ'으로 적는다.

우리말은 외국어에 비해 마찰음 수가 적은 것이 특징이다. 그래서 외국어 마찰음 표기에서는 1기호 1음운의 원칙이 지켜지지 않는다. [s]는 'ㅅ', [z]는 'ㅈ', [f]는 'ㅍ', [v]는 'ㅂ', [θ]는 'ㅅ', [ð]는 'ㄷ', [ʒ]는 'ㅈ'으로 표기한다. 그리고 'ㅆ', 'ㅉ'는 원칙적으로 허용되지 않는다.

제3항 1에 따라 'mask[mɑːsk]'는 '마스크', 'jazz[dʒæz]'는 '재즈'로 표기한다. 제3항 2에 따라 'flash[flæʃ]'는 '플래시'로 표기하고, 'shrub[ʃrʌb]', 'shark[ʃɑːk]', 'shank[ʃæŋk]', 'fashion[fæʃən]', 'sheriff[ʃerif]', 'shopping[ʃɔpiŋ]', 'shoe[ʃuː]', 'shim[ʃim]'은 각각 '슈러브', '샤크', '섕크', '패션', '셰리프', '쇼핑', '슈', '심' 등으로 표기한다. 제3항 3에 따라 'mirage[mirɑːʒ]'는 '미라지', 'vision[viʒən]'은 '비전'으로 표기한다. 한편 프랑스 전투기 'Mirage'는 '미라주'로 표기하고 있다.

지금부터는 다양한 마찰음의 표기 방법을 몇 가지로 나누어 살펴보자.

▣ [s]와 [z]의 표기

기출 분석

[2013, 기상 2번 ④ '레스비언 → 레즈비언']
[2005, 국회 8급 1번 ④ '나르시스트 → 나르시시스트']
[2015, 국회 8급 1번 ③ '콘사이즈 → 콘사이스', ④ '코즈모폴리턴']
[2015, 기상 12번 ③ '코스모폴리턴 → 코즈모폴리턴']

어말 또는 자음 앞의 [s], [z]는 '으'를 붙여서 '스', '즈'로 표기하는 것이 원칙이다. 그래서 'concise[kənsáis]'는 '콘사이스'로 표기하고, 'cosmopolitan[kɔzməpɔ́lətn]'은 발음대로 '코즈모폴리턴'으로 표기한다. 'business'는 [bíznis]로 소리 나는데 자음 앞의 [z]는 '으'를 붙여 적어야 하므로 '비지니스'가 아니라 '비즈니스'로 표기해야 한다.

마찰음 [s], [z] 표기에서 관용적으로 허용되는 것이 있다. 그중 하나가 'plasma'이다. 이 단어의 발음이 미국이나 영국이 모두 [plǽzmə]인데도 <표준국

어대사전>에 '플라스마'로 등재되어 있다. 또한 'cosmos[kɔ́zmɔs]', 'Roosevelt'도 관용에 따라 '코스모스', '루스벨트'로 표기한다. 독일어에서 온 'xenophon [zénəfən]'은 '자일러폰' 또는 '자일로폰'으로 적어야 하지만 '실로폰'으로 표기한다.

오용 사례

- 베이직 basic[béisik], 레스비언 lesbian[lézbiən], 루즈 loose[luːs]하다
- 맛사지 massage[mǽsaːʒ], 멧세지 message[message], 롯시니 Rossini[rousíːni]
- 베벌리힐즈 Beverly Hills, 비틀즈 Beatles[bíːtlz], 갠지즈 강(江) Ganges[gǽndʒiːz], 서포터즈 supporters[səpɔ́ːrtərs], 템즈 Thames[temz], 뉴욕 타임즈, The New York Times[taimz], 웨일즈 Wales[weilz]
- 크리스마스 씰 Christmas seal, 싸이코 psychopath[sáikəpæθ], 싸인펜(▼sign pen), 메씨지(최병욱, 2008:155), 싸이렌 소리(최병욱, 2008:116)
- 쇼파 sofa[sóufə]

마찰음 표기 오류는 몇 가지로 나눌 수 있다. 첫 번째 유형은 [s]를 'ㅈ'으로 표기하거나 [z]를 'ㅅ'으로 표기하는 것이다. 2003년 개봉된 "베이직"(Basic)이란 영화 제목처럼 일상에서 'basic[béisik]'을 '베이직'으로 많이 표기하는데, '베이식'으로 표기해야 한다. 초보자도 쉽게 배울 수 있고 사용하기 편리한, 인터프리터 형태의 프로그래밍 언어인 'BASIC'도 '베이식'으로 표기한다. 'lesbian[lézbiən]'은 '레즈비언'으로 표기하지만 'loose[luːs]하다'는 반대로 '루스하다'로 표기해야 한다.

다만 'sadism[seidizəm]'은 프랑스 어 표기에 따라 '사디슴'으로 표기하거나, 영어 표기에 따라 '새디즘'으로 적어야 하지만 관용에 따라 '사디즘'으로 표기한다. 'masochism'도 '매서키즘' 정도로 표기할 수 있지만 관용에 따라 '마조히즘'으로 표기한다. 따라서 'sadism'과 'masochism'이 결합한 'sadomasochism'은 '사도마조히즘'으로 표기한다.

두 번째 유형은 어중에 오는 'ss'의 표기 오류이다. 어중의 'ss'는 [s]로 소리 나지만 앞 음절의 받침으로 적는 경우가 많은데, '마사지', '메시지', '로시니'로 표기해야 한다. 그런데 'narcissist'는 '나르시시스트'로 표기하고, 'narcissism'도 '나르시즘'이 아니라 '나르시시즘'으로 표기한다. 흔히 '로맨티스트'로 표기하는 'romanticist'도 [roumǽntəsist]로 발음되므로 '로맨티시스트'로 표기한다.

세 번째 유형은 명사 뒤의 [s] 표기이다. 영어의 복수형 어미인 '-s'는 선행하는 자음이 유성음이냐 무성음이냐에 따라 [s]로 소리 나기도 하고 [z]로 소리 나기도 하지만 'ㅅ'으로 표기한다. 따라서 'blues[blu:z]', 'hose[houz]', 'news[nju:z]' 등은 '블루스', '뉴스', '호스' 등으로 표기한다. 'Beatles', 'Beverly Hills', 'Ganges 강(江)', 'supporters', 'Thames 강(江)', 'The New York Times'에서 's'는 [z]로 발음되더라도 '비틀스', '베벌리힐스', '갠지스 강', '서포터스', '템스 강', '뉴욕타임스', '웨일스' 등으로 표기한다. "테이킹 베버리힐즈"(Taking Of Beverly Hills, 1991)라는 제목의 영화가 있다. 이 외에도 '드림걸즈(dreamgirls)', '라이온즈(lions)', '타이거즈(tigers)' 등도 '드림걸스', '라이온스', '타이거스' 등으로 표기해야 한다.

또한 "비스티 보이즈"(Beastie Boys, 2008), "차이니즈 조디악"(12 Chinese Zodiac Heads, 2012), "파이널 데이즈"(The Final Days, 2008), "빅 아이즈"(Big Eyes, 2014) 등으로 표기된 영화 제목들은 '보이스', '차이니스', '데이스', '아이스' 등으로 표기해야 한다. 다만 'star wars'는 <표준국어대사전>에 '스타워즈 계획'이 표제어로 등재되어 있고, 외래어 표기 용례에도 "스타워즈"라는 영화 제목이 수록되어 있는 점을 고려할 때 예외에 대한 또 다른 예외로 처리해야 할 것이다. 예외에 대한 또 다른 예외로는 'close-up'이 있다. 'close'의 발음이 [klouz]이므로 '스'로 표기해야 하지만 관용에 따라 '클로즈 업'으로 표기한다.

네 번째 오류 유형은 마찰음 [s]를 된소리로 표기하는 것이다. 그러므로 '크리스마스 씰'이 아니라 '크리스마스 실'이다. 영화 제목 중에는 "세븐 싸이코패스"(Seven Psychopaths, 2012), "써니"(Sunny, 2011), "써커 펀치"(Sucker Punch, 2011), "싸인"(Signs, 2002)처럼 [s]를 된소리로 표기한 것들이 많다. 최근에는

'some'이라는 외국어를 표기할 때 '썸'으로 표기하고 있다. '썸 탄다'라는 말이 유행해서인지 모르지만 많은 영화 제목이 'some'이나 'sum'을 '썸'으로 표기하는 것도 한몫을 한다. "썸"(Some, 2004), "썸 오브 올 피어스"(The Sum of All Fears, 2002), "썸원 라이크 유"(Someone Like You, 2001), "썸타는 시호부인"(Out Of Control, 欲求不満の艶妻, 2012), "썸타는 퇴근길-그놈이 기다리는 길"(Net infatuation diary 5, 2011) 등의 영화 제목이 있다. "그날의 분위기"(2015)라는 영화 포스터에는 "#썸만 탈거니?"라는 표현이 있고, "오늘의 연애"(Love Forecast, 2014)라는 영화 포스터에는 "썸만 타면 뺏길 수도 있어요."라는 표현이 있다. 이 말은 '섬'으로 표기하는 것이 맞다.

'sofa'는 특이한 경우이다. '쇼'로 표기하려면 이중 모음이거나 [ʃ] 발음이 있어야 하지만 'sofa'는 그런 환경도 아닌데, '쇼파'라는 표기가 많이 쓰인다. '쇼파'는 '소파'로 표기한다.

▣ [f]와 [v]의 표기

마찰음 [f], [v]는 모음 앞에서는 각각 'ㅍ', 'ㅂ'으로 적고, 자음 앞 또는 어말에서는 '으'를 붙여 적는데, 이때에도 예외와 관용적 표기가 있다. [f], [v] 뒤에 [l]이 오면 '플'과 '블'로 표기한다. 그래서 'inflation[infléiʃən]', 'influenza[ìnfluénzə]', 'flute[flu:t]'는 각각 '인플레이션', '인플루엔자', '플루트'로 표기한다. 관용적 표기로는 'sleeveless[slí:vlis]'와 'gongfu[功夫]'가 있다. 이 단어들은 '슬리블리스', '쿵푸'로 표기하는 것이 외래어 표기법에 맞지만 관용에 따라 '슬리브리스', '쿵후'로 표기한다. 최근 개봉된 "쿵푸팬더 3"(Kung Fu Panda 3, 2016)은 '쿵후 판다'로 표기해야 한다. 이 영화를 비롯하여 'gongfu[功夫]'를 제목으로 하는 영화들은 '쿵푸'로 표기하고 있다.

기출 분석

[2010, 소방 16번 ③ '후라이팬 → 프라이팬']
[2013, 기상 2번 ① '화이팅 → 파이팅']
[2004, 국회 8급 7번 ④ '후라이팬 → 프라이팬']
[2015, 국회 8급 1번 ③ '파일']
[2010, 서울 9급 5번 ③ '파이팅']
[2014, 서울 7급 19번 ⑤ '화일 → 파일']
[2012, 지방 9급(상반기) 3번 ① '파이팅']
[2014, 지방 9급 2번 ④ '파일']
[2008, 지방 7급 1번 ① '화운데이션 → 파운데이션']

기출 분석에서 알 수 있듯이 마찰음 [f]는 주로 [f]를 'ㅎ'으로 표기한 것이 오답으로 제시되어 있다.

오용 사례

- 훼밀리 family[fǽməli], 환타지 fantasy[fǽtəsi], 휀스 fence[fens], 훼리 ferry[féri], 화이어 fire[faiər], 휘트니스 fitness[fítnis], 후레이크 flake[fleik], 호일 foil[fɔ́il], 휴즈 fuse[fjuːz]
- 세입 safe[seif], 스탭 staff[stæf]

[f]의 표기 오류는 두 가지 유형으로 나눌 수 있다. 하나는 'f'를 'ㅎ'으로 표기하는 것이다. 첫 번째 오류를 보이는 단어들은 각각 '패밀리', '판타지', '펜스', '페리(카페리)', '파이어', '피트니스', '플레이크', '포일', '퓨즈' 등으로 표기한다. '패밀리'는 외래어 표기법 원칙에 따르면 '패멀리' 정도로 표기해야 하지만 관용에 따라 '패밀리'로 표기한다. '포일'은 "금, 알루미늄 따위의 금속을 종이같이 얇게 편 것으로 특히 요리나 포장에 쓰는 알루미늄박"을 이르는 말이다. [오용 사례]에서도 알 수 있듯이 마찰음 [f]를 'ㅎ'으로 표기하는 경우가 많으므로 주의해야 한다. [f] 표기 오류를 보이는 외래어들은 영화 제목 표기에서도 많이

발견된다. '판타지'는 발음에 따르면 '팬터시' 정도로 표기해야 하지만 관용을 존중하여 '판타지'로 표기한다. 그러므로 영화 제목인 "파이널 환타지"(Final Fantasy, 2001)처럼 표기하면 안 된다. "아담스 훼밀리"(The Addams Family, 1991), "K.K 훼미리 리스트"(Korean Killer Family List, 1997)라는 제목의 영화가 개봉되기도 했다. 2012년 개봉되었던 "화이팅 패밀리"는 '파이팅'으로 표기해야 한다. "화이어"(Fire, 1996), "화이어 다운"(Fire Down Below, 1997), "화이어 파이트"(Firefight, 2003) 등의 영화 제목에서 알 수 있듯이 'fire'를 '화이어'로 표기한 것들도 있다.

추위를 막거나 멋을 내기 위하여 목에 두르는 천 또는 내연 기관에서 배기가스나 소음을 줄이거나 없애는 장치를 이르는 'muffler'는 [mΛflər]로 발음되므로 '머플러'로 표기하는 것이 맞다. 그런데 이때에도 '마후라'를 쓸 수 있다.(국립국어원 온라인 가나다, 2013. 01. 25.) 다만 이 말이 일본어에서 온 말이므로 '머플러'(목도리), '소음기' 등의 순화한 말을 쓰는 것이 좋다고 한다.

두 번째 오류는 어말의 [f]를 받침으로 표기한 것이다. 'safe[seif]', 'staff[stæf]' 등은 어말에 [f]가 오므로 '세이프', '스태프' 등으로 표기해야 한다.

▣ [θ]와 [ð]의 표기

마찰음 [θ], [ð]는 모음 앞에서는 각각 'ㅅ'와 'ㄷ'로 적고, 자음 앞 또는 어말에서는 '으'를 받쳐 적는다. 영어 정관사 'the'는 자음으로 시작되는 말 앞에서는 [ðə]로 발음하고, 가볍게 [ð]로 발음할 수도 있다. 그런데 모음으로 시작되는 말 앞에서는 [ði]로 발음한다고 한다. 그리고 강조할 때는 단어 첫머리의 자음·모음에 관계없이 [ðiː]로 발음한다고 한다. 그렇다면 'the end'는 '디 엔드'로 표기해야 한다.

'Gothic[gάθik]'은 관용에 따라 '고딕'으로 표기하고, 'marathon'은 [mǽrəθὰn<미>]/[mǽrəθən<영>]으로 발음하지만 관용에 따라 '마라톤'으로 표기한다. 'mammoth[mǽməθ]'의 [θ]는 예외적으로 '드'로 표기하여, '매머드'로 표기하므로 '맘모스'는 잘못된 표기이다.

기출 분석

[2009, 국회 8급 21번 ⑤ '오셀로']
[2012, 지방 7급 3번 ② '스릴']

'Othello[ouθélou]'는 '오델로'가 아니라 '오셀로'로 표기한다. 'thrill'은 [θril]로 발음되지만 '쓰릴'로 적는 경향이 있는데 '스릴'로 표기한다.

오용 사례

- 아더 arthur[ɑ́:rθər], 맥베스 Macbeth[məkbéθ], 팬더 panther[pǽnθər], 드로인 throw-in [θróuìn], 신디사이저 synthesizer[sínθəsàizər], 테라피 therapy[θerəpi]
- 데쓰 death[deθ], 씽/띵 thing[θiŋ], 땡큐/쌩큐 Thank you[θaŋk ju:], 써더 third[θə:rd], 쓰리 three[θri:], 썬더 thunder[θΛndər]
- 스무스 smooth[smu:ð]

마찰음 [θ]의 표기 오류는 크게 두 가지이다. 하나는 [θ]를 철자에 이끌러 'ㄷ(ㅌ)' 또는 '드'로 표기하는 오류이다. 영국 전설상의 왕인 'arthur'는 '아더 왕'이 아니라 '아서 왕'으로 표기한다. 2004년에 개봉된 "킹 아더"(King Arthur)라는 영화는 '킹 아서'로 표기해야 하고, '아서 왕'의 명검(名劍)인 'Excalibur[ekskǽləbər]'는 '엑스칼리버'가 아니라 '엑스캘리버'로 표기해야 할 것이다. 또한 '아서 왕'의 궁정이 있던 거리를 'Camelot'이라고 하는데, 그 발음이 [kǽməlɔ̀t]이므로 '캐멀롯' 정도로 표기할 수 있을 것이다. 그런데 영화 제목 중에는 "카멜롯"(First Knight, 1995)으로 표기된 것이 있다.

셰익스피어가 지은 4대 비극의 하나는 '맥베드'가 아니라 '맥베스'[7]로 표기하므로 2006년에 개봉된 "맥베드"(Macbeth)의 표기도 잘못되었다. 'throw-in'은

7) 이 작품에서 '맥베스'가 마녀의 예언에 현혹되어 죽인 'Duncan 왕'은 '던컨 왕'으로 표기한다. 하지만 'Duncan, Isadora', 'Duncan-Smith, Iain' 등의 인명은 '덩컨, 이사도라', '덩컨스미스, 이언'으로 표기한다.

'스로인'으로 표기하고, 'synthesizer'는 '신시사이저'로 표기하므로 '드로인', '신디사이저'로 표기해서는 안 된다.

'panther'는 [pǽnθər]로 발음되므로 '팬서'로 표기해야 하는데, "핑크 팬더"(The Pink Panther, 2006)라는 제목의 영화가 있다.

'치료', '상담' 등의 뜻을 나타내는 'therapy'는 심의된 적은 없지만 외래어 표기 용례에는 'therapy'가 결합한 'aromatherapy', 'body therapy', 'mesotherapy'를 각각 '아로마세러피', '보디세러피', '메소세러피'로 표기하므로 '세러피' 정도로 표기할 수 있다.

마찰음 [θ]의 표기 오류의 두 번째 유형은 [θ]를 'ㅆ(ㄸ)'으로 표기하는 것이다. 'death', 'third', 'three', 'thunder' 등에서 나는 [θ]는 된소리로 적을 수 없지만 "데쓰 프루프"(Death Proof, 2007), "트로픽 썬더"(Tropic Thunder, 2008)와 같은 영화 제목이 많다. 각각 '데스', '선더' 등으로 표기한다. 특히 'three'를 '쓰리'로 표기되는 경우가 많은데, '스리'로 표기해야 한다. 영화 제목 중에도 "쓰리 데이즈"(The Next Three Days, 2010)와 같이 된소리로 표기한 경우가 많다. 'third'의 발음도 '서드'로 나지만 "써드 스타"(Third Star, 2010), "써드 퍼슨"(Third Person, 2013)처럼 표기한 영화 제목들이 있다.

'thank you'는 '생크 유'로 표기해야 한다. 다만 'thank-you'처럼 한 단어로 표현할 때에는 '생큐'로 적는 것이 적절하다. TV 방송 제목인 "땡큐 베이비 독"(Thank You Baby dock, 2014)처럼 표기하면 안 된다. 'thing'은 [θiŋ]으로 발음되므로 "Tell Me Something"(1999)은 "텔 미 썸딩"이 아니라 '텔 미 섬싱'으로 표기해야 한다. "에브리띵 윌 비 파인"(Every Thing Will Be Fine, 2015), "에브리씽 머스트 고"(Everything Must Go, 2010)도 '에브리싱'으로 표기해야 한다. '멜 깁슨'이 주연한 영화 "리쎌 웨폰"(Lethal Weapon) 시리즈는 그 발음이 각각 [líːθəl], [wépən]이므로 '리설 웨펀'으로 표기해야 한다.

[ð]는 [θ]와 반대로 'ㄷ'을 'ㅅ'으로 표기하는 경우가 있다. 'smooth'를 '스무스'로 표기하는 것이 그 사례인데 '스무드'로 표기한다.

▣ [ʒ]와 [ʃ]의 표기

먼저 [ʒ]의 표기에 대해서 알아보자. [ʒ]는 어말 또는 자음 앞에서는 '지'로 적고, 모음 앞에서는 'ㅈ'으로 적는다.

기출 분석

[2004, 국회 8급 7번 ③ '비젼 → 비전']
[2014, 2차 경찰 10번 ② '텔레비전']
[2008, 지방 7급 1번 ② '부르주아']
[2014, 지방 9급 2번 ② '텔레비전']
[2014, 국회 8급 21번 '부르주아']
[2015, 국회 9급 15번 ⑤ '미라지']
[2016, 1차 경찰 10번 '비젼 → 비전']

[ʒ]가 모음 앞에 올 때에는 그 모음과 합쳐 '쟈', '져', '죠', '쥬'로 적을 때가 많은데, 잘못된 표기이다. '비젼'이 가장 대표적인 사례이다. '텔레비/테레비'도 외래어 표기법에 어긋나는 표기이다.

오용 사례

○ 캐쥬얼 casual[kǽʒuəl], 인베이젼 invasion[invéiʒən]

'casual'은 '캐주얼'로 표기한다. 2011년 개봉한 "월드 인베이젼"(World Invasion: Battle LA)은 '인베이전'으로 표기한다. 한편 프랑스 어에서 차용한 말의 [ʒ]는 '주'로 표기한다. 그러므로 'bourgeois[burʒwa]', 'montage[mɔntáːʒ]', 'rouge[ruːʒ]', 'sabotage [sǽbətὰːʒ]' 등은 '부르주아', '몽타주', '루주', '사보타주' 등으로 표기하고, 'petit bourgeois'는 '프티 부르주아'로 표기한다. 2014년에 "사보타지(Sabotage)"라는 영화가 개봉되기도 했다. 중생대를 셋으로 나누었을 때 가운데에 해당하는 지질 시대를 가리키는 말인 'Jurassic'는 '쥐라기(紀)'로 표기해야 한다. 그런데 이 시기를 다룬 영화인 "쥬라기 공원 3D"(Jurassic Park, 1993), "쥬라기 공원 3"(Jurassic Park III, 2001), "쥬라기 공원: 다이노어택"(Jurassic Attack, 2013), "쥬라기 시티"(Jurassic City, 2014), "쥬라기 월드"(Jurassic World, 2015) 등은 '쥬라기'로 표기되어 있다.

[ʃ]는 어말에서는 '시'로 적고, 자음 앞에서는 '슈'로 적는다. 그리고 모음 앞에서는 뒤에 오는 모음에 따라 표기가 달라진다. 이를 정리하면 다음과 같다.

표 3 [ʃ]+모음의 표기

음운 환경	한글 표기	용례
[ʃ]+[i]	시	shift[ʃift] 시프트
[ʃ]+[ɑ], [a]	샤	shamanism[ʃɑ́:mənìzm] 샤머니즘
[ʃ]+[ə], [ʌ]	셔	shirt[ʃə:rt] 셔츠
[ʃ]+[ɔ], [o]	쇼	shopping[ʃɔ́piŋ] 쇼핑
[ʃ]+[æ]	섀	chassis[ʃǽsi] 섀시
[ʃ]+[e], [ɛ]	셰	shake[ʃeik] 셰이크

기출 분석

[2010, 서울 9급 5번 ③ '리더십']
[2012, 서울 9급 14번 ② '플래쉬 → 플래시']
[2013, 서울 9급 4번 ④ '리더쉽 → 리더십']
[2015, 서울 9급 6번 ② '리더쉽 → 리더십']
[2015, 국회 8급 1번 ②, '플래시', ③ '리더십']
[2015, 국회 9급 15번 ④ '생크 → 섕크']
[2014, 지방 9급 2번 ④ '리더십']
[2011, 지방 7급 2번 ④ '밀크셰이크']
[2013, 지방 7급 4번 ③ '리더쉽 → 리더십']
[2015, 기상 12번 ② '밀크셰이크']
[2014, 지방 7급 2번 '리더십']
[2016, 1차 경찰 10번 '리더쉽 → 리더십']
[2016, 국가 9급 1번 ① '플래시', ② '쉬림프 → 슈림프']

[ʃ]의 표기 오류 중에서 가장 많은 것은 어말의 [ʃ]를 '쉬'로 표기하는 것이다. 위의 기출 분석이나 <표 3>에서 알 수 있는 것처럼 [ʃ]와 다른 모음이 결합해도 '쉬'로 표기하는 경우는 없다.

오용 사례

- 배틀쉽 battleship[bǽtlʃip], 캐쉬 cash[kæʃ], 크래쉬 crash[kræʃ], 펠로쉽 fellowship[félouʃip], 피쉬 fish[fiʃ], 팔로쉽/팔로우십 followship[fάlouʃip<미>]/[fɔ́louʃip<영>], 잉글리쉬 english[íŋgliʃ], 머쉰 machine[məʃíːn], 멤버쉽 membership[membəʃip], 쉬프트 shift[ʃift], 스칼러쉽/스칼라쉽 scholarship[skάlərʃip<미>]/[skɔ́lərʃip<영>], 스킨쉽 skinship[skinʃip], 스패니쉬 spanish[spǽniʃ], 스타일리쉬 stylish[stáiliʃ]
- 클리세/클리셰 cliche[kliːʃéi], 밀크쉐이크 milk shake[ʃeik], 샤시 sash[sæʃ], 쉘터 shelter[ʃéltər], 쉐라톤 Sheraton[ʃérətən], 셸파/셀파 Sherpa[ʃέərpə<미>]/[ʃə́ːrpə<영>], 샷다 shutter[ʃΛtər]

[ʃ] 표기 오류의 유형은 크게 두 가지이다. 첫 번째는 어말의 [ʃ]나 [ʃi]를 '쉬'로 표기하는 오류이다. 첫 번째 오류를 범한 단어들은 각각 '배틀십', '캐시', '크래시', '펠로십', '피시', '팔로십/폴로십', '잉글리시', '머신', '멤버십', '시프트', '스칼러십[8]' '스킨십', '스패니시', '스타일리시' 등으로 표기해야 한다. 특히 'ship[ʃip]'을 '쉽'으로 표기하는 사례가 많다.

영화 제목 중에도 [ʃ] 표기와 관련된 오류가 많다. "쟈니 잉글리쉬"(Johnny English, 2003), "스페니쉬 아파트먼트"(L'Auberge Espagnole, The Spanish Apartment, 2004), "크래쉬"(Crash, 2004), "배틀쉽"(battleship, 2012), "더 머쉰"(The Machine, 2013), "피쉬와 칩스"(Fish N Chips, 2013), "스타쉽 라이징"(Starship: Rising, 2014) 등의 영화 제목은 '자니 잉글리시', '스패니시', '크래시', '배틀십', '머신', '스타십'으로 표기해야 한다. 어말뿐만 아니라 어두의 [ʃ]도 '쉬'로 표기할 수 없으므로 "더 쉬프트"(The Shift, 2013)라는 영화 제목은

8) 단 물리 용어인 'scalar'는 '스칼라'로 표기하고, 'schola哲學'은 '스콜라 철학'으로 표기한다.

'시프트'로 표기한다.

두 번째 오류 유형은 [ʃ] 뒤에 결합하는 모음을 고려하지 않고, 반모음 'w'가 들어간 'ᅰ'의 형태로 표기하는 것이다. 두 번째 유형의 오류를 범하는 단어들은 각각 '클리셰이', '밀크셰이크', '셸터', '셰러턴', '셰르파' 등으로 표기한다. 영미의 호텔 체인인 'Sheraton'을 외래어 표기법에 따라 표기하면 '셰러턴'이다. 한편 최근에 자주 쓰이는 외래어인 'car-sharing'에서 'sharing'은 [ʃέəriŋ]으로 발음되므로 '카 셰어링'으로 표기해야 할 것이다. 이미 '시분할'을 의미하는 'timesharing'과 "일을 나누어 고용의 기회를 늘리는 정책"을 의미하는 'work-sharing'은 '타임셰어링'과 '워크셰어링'으로 사전에 등재되어 있다.

또한 '샷시', '샷다'는 일본어의 영향을 받은 것으로 '새시'와 '셔터'로 표기해야 한다. 이 중 '새시(sash[sæʃ])'는 "철, 스테인리스강, 알루미늄 따위를 재료로 하여 만든 창의 틀"로 '창틀'이라는 순화어가 있다. 이에 비해 '섀시(chassis[ʧǽsi])'는 "자동차 따위의 차대(車臺)" 또는 "라디오의 세트를 조립하는 데 쓰는 대(臺)"를 이르는 말이다.

"테이크 쉘터"(Take Shelter, 2011)라는 영화 제목이 있는데, 'shelter'는 [ʃéltər]로 발음되므로 '셸터'로 표기해야 한다. "쉘 위 댄스"(Shall We Dance?, 2004)라는 영화 제목도 '섈 위 댄스'[9]로 표기해야 한다. 'shallow'는 [ʃǽlou]로 발음되므로 "쉘로우 그레이브"(Shallow Grave, 1994)가 아니라 '섈로 그레이브'로 표기하고, 'shady'는 [ʃéidi]로 발음되므로 "쉐이디 글로브"(Shady Grove, 1999)는 '셰이디 글로브'로 표기해야 한다. "쉐어 더 비전"(Share the Vision, 2011)도 '셰어 더 비전'으로 표기해야 한다.

한편 'she'의 발음은 [ʃiː]이므로 '시'로 표기하는 것이 맞을 것이다. 그러므로 "덴 쉬 파운드 미"(Then She Found Me, 2007)와 같은 영화 제목은 잘못 표기되었다. 또한 'she is', 'she has'의 단축형인 'she's'의 발음이 [ʃiz]이므로 '시즈'로 표기하는 것이 적절할 듯하다. 영화 제목 중에는 "쉬즈 더 맨"(She's the

9) '비디오 자막에 나타난 국어 오용사례 조사'(국립국어원 알림·소식-알립니다, 2001. 02. 23.)에서는 '쉘(→셸) 위 댄스'로 표기하고, 국립국어원 '온라인 가나다'(2005. 10. 02.)에서는 '섈'로 표기하고 있다.(마지막 검색일: 2016. 06. 06.)

Man, 2006), "쉬즈 더 원"(If You Are the One, 2008)으로 표기된 것들이 있다. 이런 내용을 종합해 볼 때 마찰음 [ʃ]가 모음과 결합했을 때는 'ㅟ'나 반모음 'w'가 들어간 'ㅞ' 등으로 표기할 수 없다는 것을 기억해야 한다.

(4) 파찰음 표기

> 제4항 파찰음([ts], [dz], [tʃ], [dʒ])
> 1. 어말 또는 자음 앞의 [ts], [dz]는 '츠', '즈'로 적고, [tʃ], [dʒ]는 '치', '지'로 적는다.
> 2. 모음 앞의 [tʃ], [dʒ]는 'ㅊ', 'ㅈ'으로 적는다.

제4항에 설명된 파찰음 [ts], [dz], [tʃ], [dʒ]의 표기를 정리하면 아래와 같다. 참고로 영어에서는 첫소리로 [ts], [dz]가 소리 나는 경우는 없다.

표 4 파찰음 [ts], [dz], [tʃ], [dʒ]의 표기

환경	음운	표기	용례
어말 또는 자음 앞	[ts]	츠	keats[kiːts] 키츠
	[dz]	즈	odds[ɔdz] 오즈
	[tʃ]	치	switch[switʃ] 스위치
	[dʒ]	지	bridge[bridʒ] 브리지
모음 앞	[tʃ], [ts]	ㅊ	chart[tʃɑːt] 차트
	[dʒ], [dz]	ㅈ	virgin[vəːdʒin] 버진

파찰음의 관용적 표기로는 '피자'를 들 수 있다. 'pizza'의 원음이 [píːtsə]이므로 원음에 따라 충실하게 표기하자면 '피처' 정도가 되어야 하지만 관용을 인정한다. 'doughnut'은 '도넛'으로 표기하지만 복수형은 'doughnuts'는 '도너츠'로 표기한다.

기출 분석

[2004, 서울(10월) 9급 4번 ④ '쥬스 → 주스']
[2014, 서울 7급 19번 ④ '쥬스 → 주스']
[2008, 지방 9급 1번 ③ '모짜르트 → 모차르트']
[2014, 지방 9급 2번 ② '쥬스 → 주스']
[2008, 지방 7급 1번 ④ '쥬스 → 주스']
[2014, 국가 7급 11번 ② '모차르트']

자주 출제된 문제는 파찰음 'ㅈ', 'ㅊ'에 이중 모음 'ㅑ, ㅕ, ㅛ, ㅠ'를 결합시켜 표기하거나 파찰음을 된소리로 표기한 것들이다.

오용 사례

- 쮜리히(Zurich), 나찌(Nazi), 모짜르트(Mozart), 짜르(tsar), 칸쏘네(canzone)
- 쨈 jam[dʒæm], 째즈 jazz[dʒæz]
- 브릿지 bridge[bridʒ], 캣처 catcher[kǽʧər], 캣칭 catching[kǽʧiŋ], 캣츠 cats[kæts], 엣지 edge[edʒ], 잇츠 it's[its], 댓츠 that's[ðəts: ðǽts], 왓치/웟치 watch[wɔʧ], 윗치 witch[wiʧ]
- 캡쳐 capture[kǽpʧər], 츄잉 껌 chewing gum[ʧuːiŋ](조지프 스티글리츠:2013, 263), 쥬얼리 jewelry[dʒúːəlri], 쥬니어 junior[dʒúːnjər], 미니어쳐 miniature[míniəʧər]

파찰음의 표기 오류는 크게 네 가지로 구분된다. 첫째는 독일어와 러시아어, 이탈리아 어의 [ts]를 표기할 때 'ㅉ' 또는 'ㅆ'으로 적는 경우이다. 첫 번째 유형의 오류를 보이는 단어들은 각각 '취리히', '나치', '모차르트', '차르', '칸초네' 등으로 표기해야 한다. 영화 제목 중에는 "모짜르트와 고래"(Mozart and the Whale, 2005), "모짜르트를 찾아서"(1991) 등이 있는가 하면, "모차르트 타운"(Mozart Town, 2008), "나넬 모차르트"(Nannerl, la soeur de Mozart, 2010), "모차르트 락 오페라" (Mozart Opera Rock, 2011) 등도 있다.

두 번째 유형의 오류를 보이는 단어들은 파찰음을 된소리로 표기한 것들인데, 된소리는 원칙적으로 허용되지 않으므로 '잼', '재즈'로 표기해야 한다.

세 번째 유형의 오류를 보이는 단어들은 파찰음을 표기하면서 앞 음절에 'ㅅ'을 첨가하는 경우이다. 'bridge', 'catcher', 'catching', 'cats', 'edge', 'it's', 'that's', 'watch', 'witch'는 각각 '브리지', '캐처', '캐칭', '캐츠', '에지', '이츠', '대츠', '워치', '위치'로 표기한다. 따라서 영화 "스파이 브릿지"(Bridge of Spies, 2015)는 '스파이 브리지' 정도가 될 것이고, "스톰캣쳐"(Storm Catcher, 1999)는 '스톰캐처', "헝거게임: 캣칭 파이어"(The Hunger Games: Catching Fire, 2013)는 '캐칭'으로 표기해야 한다. 영화 "엣지 오브 투모로우"(Edge of Tomorrow, 2014)를 외래어 표기법에 따라 표기하면 "에지 오브 터모로" 정도가 될 것이다. 'watch'는 '워치'로 표기하는 것이 맞지만 "엔드 오브 왓치"(End of Watch, 2012), "엔드 오브 왓치: NYPD"(The Curse, 2013)와 같은 영화 제목이 있다. 'witch'의 발음은 [wiʧ]이므로 '윗치'로 표기할 수 없는데, "블레어 윗치 패러디"(The Bogue Witch Project, 2000)와 같은 영화 제목이 있다. "힛쳐"(The Hitcher, 2007)라는 제목의 영화가 있는데, 'hitcher'의 발음이 [hítʃər]이므로 '히처' 정도로 표기해야 할 것이다.

네 번째 유형의 오류를 보이는 단어들은 파찰음 뒤에 이중 모음 'ㅑ, ㅕ, ㅛ, ㅠ'를 결합시킨 것이다. 따라서 '캡처', '주얼리', '주니어', '미니어처', '추잉 껌'으로 표기해야 한다. 다만 1975년에 개봉된 영화 "Jaws"는 외래어 표기 용례집에 '죠스'로 제시되어 있다. 잘 알려진 영화 "어벤져스"(The Avengers)도 [əvéndʒərs]로 발음되므로 '어벤저스'로 표기해야 한다. "드림캐쳐"(Dreamcatcher)라는 영화 제목도 '드림캐처'로 표기되어야 한다. "컨테이젼"(Contagion, 2011)도 [kəntéidʒən]으로 발음되므로 '컨테이전'으로 표기한다.

(5) 비음의 표기

> 제5항 비음([m], [n], [ŋ])
> 1. 어말 또는 자음 앞의 비음은 모두 받침으로 적는다.
> 2. 모음과 모음 사이의 [ŋ]은 앞 음절의 받침 'ㅇ'으로 적는다.

제5항에 따라서 'steam[sti:m]'은 '스팀', 'corn[kɔ:n]'은 '콘', 'curtain[kə́:rtn]'은 '커튼'으로 표기하고, 'hanging[hæŋiŋ]'은 '행잉', 'longing[lɔŋiŋ]'은 '롱잉' 등으로 표기한다.

기출 분석

[2006, 서울 7급 4번 ② '커텐 → 커튼']
[2008, 지방 9급 1번 ④ '컨닝 → 커닝']
[2015, 지방 교육 6번 ④ '러닝']

비음 표기와 관련해서 많이 출제된 문제는 어중의 'mm', 'nn'의 표기 방법이다. 그러므로 "런닝맨"(조동오, 2013)은 '러닝맨'으로 표기해야 하고, "캠퍼스 컨닝왕"(Cheats, 2002)은 '커닝'으로 표기해야 한다.

오용 사례

- 칸느 cannes[kæn], 컴플레인 complain[kəmplein], 엠마누엘 Emanuel[imǽnjuəl], 팜므 파탈 femme fatale[fam fatal], 햄머 hammer[hǽmər], 인닝 inning[íniŋ], 런너 runner [rʌnər], 센느 seine[sein], 섬머/썸머 summer[sʌmər]

위의 단어들은 각각 '칸, 컴플레인, 팜 파탈[10], 해머, 이닝, 러너, 센, 서머' 등으로 표기해야 한다. 이처럼 비음 표기와 관련해서 주의해야 할 것은 어중에서 동일한 비음인 'mm', 'nn'이 올 때이다. 야구에서, 한 회(回)를 이르는 말인 'inning'은 '이닝'으로 표기하지만 발음을 [인닝]으로 하는 경우가 많다. 이처럼 [mm], [nn] 표기에 이끌려 'ㅁㅁ', 'ㄴㄴ'으로 표기하거나 발음할 때가 많은데, 소리는 [m], [n]으로 나므로 'ㅁ', 'ㄴ'으로 표기해야 한다.

10) 치명적인 아름다움과 매력으로 남자를 유혹해 파멸에 이르게 하는 여자를 이르는 말이다. 한편 치명적인 아름다움과 매력으로 여자를 유혹해 파멸에 이르게 하는 남자는 '옴 파탈(homme fatal)'이라고 한다.

그런데 어중의 [mm], [nn] 표기에도 관용적 표기가 허용된다. 'ammonia[əmóuniə]', 'comma[kɔ́mə]', 'gamma[gǽmə]', 'Vienna[viénə]' 등을 발음할 때, 어중의 [mm], [nn]이 [m], [n]으로 발음되지만 '암모니아', '콤마', '감마', '비엔나' 등으로 표기한다. 또한 이탈리어 어, 아랍 어 등에서는 'ㅁㅁ'과 'ㄴㄴ' 표기를 허용하므로 'hammurabi[hæmurɑ́:bi]', 'madonna[mədɑ́nə]', 'muhammad[muhǽməd]'는 '함무라비', '마돈나', '무함마드'로 표기한다.

'Emanuel'의 미국식, 영국식 발음은 [imǽnjuəl]이므로 영어식 표기에 따르면 '이매뉴얼' 정도로 표기할 수 있다. 외래어 표기법 용례에는 미국의 정치가 'Cleaver, Emanuel'을 '클리버 이매뉴얼'로 표기한다. 그런데 이 단어는 언어에 따라 발음이 다르므로 표기가 다르다. 프랑스 패션 디자이너인 'Ungaro, Emanuel(Maffeolti)'는 '웅가로, 에마뉘엘(마페올티)'로 표기한다. 여기서 한 가지 알아야 할 것은 '엠마누엘', '임마누엘'[11]처럼 'ㅁㅁ'으로 적을 수 없다는 사실이다.

2002년 개봉한 영화 "팜므 파탈"(Femme Fatale)은 '팜 파탈'로 표기해야 한다. 특히 'summer'를 '썸머'나 '섬머'로 표기하는 경우가 많은데 2001년 개봉한 영화 "인디안 썸머"(Indian Summer)는 '인디언 서머'로 표기해야 하고, "썸머워즈"(Summer Wars, サマーウォーズ, 2009)는 '서머 워즈'[12]로 표기해야 한다.

한편 소리 나지 않는 묵음(默音)은 표기할 필요가 없다. '폭격기'를 의미하는 'bomber[bɔ́mər]'의 'b'는 발음되지 않으므로 '봄버'와 같이 표기할 수 없다. 따라서 "더 봄버: 최강폭격부대"(Ballada o bombere The Ballad About The Bomber, 2011)라는 영화 제목은 외래어 표기법에 맞지 않다. 다듬은 말 목록에서는 'bomber jacket'을 '보머 재킷'으로 표기하는 것을 참고하면, '보머'로 표기해야 한다. 또한 멕시코 만에 접한 서인도 제도 최대의 항구 도시인 'Havana'의 'h'는 소리 나지 않으므로 '아바나'로 표기한다. 그런데도 "하바나"(Havana, 1990)와 같이 'h'를 표기한 영화 제목들이 많다.

---

11) 다만 히브리 어로 '이사야'에 의하여 예언된 메시아의 이름인 'Immanuel'은 '임마누엘'로 표기한다. 독일 철학자 'Kant, Immanuel'은 '칸트, 이마누엘'로 표기한다.

12) 외래어 표기법 용례 찾기에 '스타워즈(Star Wars)'의 표기를 고려해서 '워즈'로 표기했다. '워스'로 표기할 가능성도 있다.

(6) 유음의 표기

제6항 유음([l])

1. 어말 또는 자음 앞의 [l]은 받침으로 적는다.
2. 어중의 [l]이 모음 앞에 오거나, 모음이 따르지 않는 비음([m], [n]) 앞에 올 때에는 'ㄹㄹ'로 적는다. 다만, 비음([m], [n]) 뒤의 [l]은 모음 앞에 오더라도 'ㄹ'로 적는다.

우리말과 달리 외국어의 유음에는 [r]와 [l]이 있지만 외래어 표기법에서는 유음 [l]에 대해서만 설명하고 있다.

제6항에 따라 'hotel[houtel]'은 '호텔', 'pulp[pʌlp]'는 '펄프'로 표기한다. 그리고 'slide[slaid]'는 '슬라이드', 'film[film]'은 '필름'으로 적고, 'Hamlet[hæmlit]'은 '햄릿'으로 표기한다. 제6항 2의 '다만'에 따라 'Henley'는 '헨리'로 표기한다. 'download[dáunlòud]', 'kremlin[krémlin]', 'stainless[stéinlis]' 등도 이 규정에 의해 각각 '다운로드', '크렘린', '스테인리스'로 표기한다. 다만 '소매 없는 옷'을 뜻하는 'sleeveless'와 '벨벳'과 같은 뜻인 'veludo'는 '슬리블리스', '빌로드'로 표기하는 것이 원칙에 맞지만 관용에 따라 '슬리브리스', '비로드'로 표기한다.

유음 [r]는 어말 또는 자음 앞일 때에는 '르'로 적고, 모음 앞에서는 'ㄹ'로 적는다. 그래서 'breakfast[brekfəst]'는 '브렉퍼스트'로 표기한다. 그런데 영어에서 차용한 외래어는 'center[séntər]'처럼 어말에 위치하는 'r' 앞에 모음이 있거나 'circuit[sə́ːrkit]'처럼 자음 앞에 'r'가 있는 경우 'r'는 표기하지 않는 것이 일반적이다.

한편 영어 자모 'R'는 '알'이 아니라 '아르'로 적는다. 따라서 'ARS'를 우리말로 표기하면 '에이아르에스'가 되고 'PR'은 '피알'이 아니라 '피아르'가 된다. 2012년 개봉된 "알투비: 리턴투베이스"에서 '알투비'는 'R2B'이므로 '아르투비' 정도로 표기해야 한다.

기출 분석

[2013, 기상 2번 ① '드라이크리닝 → 드라이클리닝']
[2015, 기상 12번 ③ '포크레인 → 포클레인']
[2008, 지방 9급 1번 ① '필름', ④ '브라우스 → 블라우스]
[2015, 국회 8급 1번 ④ '스프링쿨러 → 스프링클러']
[2015, 지방 교육 6번 ④ '카스테라 → 카스텔라']

유음 표기와 관련된 기출 문제에서 오답은 모음 앞의 [l]을 'ㄹㄹ'로 표기하지 않은 것들이 주를 이룬다.

오용 사례

- 에이리언 alien[éiliən], 크린업 트리오 cleanup trio, 크리닉 clinic[klínik], 클럽 club[klʌb], 커리큐럼 curriculum[kəríkjuləm], 드라큐라 dracula[drǽkjulə], 핸드링 handling [hǽndliŋ], 제리 jelly [dʒéli], 메론 melon[mélən], 파레트 <프>palette, 파이럿 pilot[páilət], 프라자 plaza[plɑːzə], 스프링쿨러 sprinkler[spríŋklər], 우쿠렐레 ukulele[jùːkəléili], 바세린 vaseline[vǽsəliːn]
- 몰타르 mortar[mɔ́ːrtər], 몰핀 morphine[mɔ́ːrfiːn], 엔돌핀 endorphin[endɔ́ːrfin], 스콜피언 scorpion[skɔːrpiən], 몰몬 Mormon[mɔ́ːrmən]

유음 표기 오류를 [l]과 [r]로 나누어 살펴보자. 첫 번째 [l] 표기와 관련된 단어들은 각각 '에일리언', '클린업 트리오', '클리닉', '클럽', '커리큘럼', '드라큘라', '핸들링', '젤리', '멜론', '팔레트', '파일럿', '플라자', '스프링클러', '우쿨렐레', '바셀린' 등으로 표기해야 한다.

'alien'은 '에일리언'으로 표기해야 하는데, 영화 제목에서는 "에일리언 라이징"(Alien Rising, 2014), "에이리언 스카이라인"(Alien Dawn, 2012), "에어리언 vs 헌터"(AVH: Alien vs Hunter, 2007)처럼 '에일리언', '에이리언', '에어리언' 등으로 혼란스럽게 쓰이고 있다.

'드라큘라'는 영국의 작가 스토커(Stoker, B.)가 지은 괴기 소설 또는 그 속에 나오는 흡혈귀의 이름을 가리키는데, 발음에 따르면 '드래큘러' 정도로 적어야 하지만 관용적인 표기인 것 같다. 영화 제목에서는 "드라큐라 2003"(Dracula II: Ascension, 2003), "드라큘라 2014"(Dracula: Reborn 2012)와 같이 혼란스럽게 쓰인다. 'avalon'은 [ǽvəlɑ̀n<미>] 또는 [ǽvəlɔ̀n<영>]으로 발음되므로 '애벌론' 정도로 표기해야 하는데, "아바론"(2001)이라는 영화 제목이 있다.

두 번째는 [r] 표기와 관련된 오류들이다. [r] 표기와 관련된 오류들은 어말과 자음 앞의 'r'를 받침으로 표기해서 생긴 오류들이다. 이 말들은 '모르타르', '모르핀', '엔도르핀', '스코피언', '모르몬'으로 적는 것이 외래어 표기법에 맞다. 영화 제목 중에는 "스콜피온 인 러브"(Scorpion in Love,Alacrán enamorado, 2013), "스콜피온 킹"(The Scorpion King, 2002) 등이 있다.

02. 모음의 표기

외래어 표기법에는 장모음과 중모음, 이중 모음의 표기 방법 등이 규정되어 있다. 먼저 단모음의 표기 방법에 대해서 살펴보자.

(1) 단모음의 표기

▣ 단모음 [y], [Ø], [œ], [u]의 표기

단모음 [y]는 'ㅟ'로 표기하는데 이 모음은 영어에는 없고, 프랑스 어와 독일어에서 많이 나타나는 소리이다. [Ø]는 'ㅚ'로 표기한다. 그러므로 산맥을 경계로 기압차가 있을 때에 일어나는 산을 넘어서 불어 내리는 고온 건조한 공기를 이르는 독일어 'föhn[fØːn]'은 '푄'으로 표기한다.

단모음 [œ]는 'ㅚ'로 표기하는데, 영어에는 없는 소리이다. 펜싱 중에는 몸통만을 공격 대상으로 하고 찌르기만 사용하는 종목이 있는데, 이를 뜻하는 프랑스 어는 'fleuret'이다. 이 단어의 발음은 [flœre]이므로 '플뢰레'로 표기해야 한다. 펜싱의 다른 종목은 '에페(<프>épée)', '사브르(<프>sabre)'로 표기한다.

단모음 [u]는 '우'로 표기한다. 그래서 'shampoo[ʃæmpúː]'는 '샴푸'로 표기하고, 'soup[su:p]'는 '숩'이 아닌 '수프'로 표기한다. 라면에 넣는 것도 '스프'가 아니라 '수프'로 표기한다. 'schedule'은 '스케줄'로 표기하고, 'scheduling'도 '스케줄링'으로 표기한다. '총알'을 뜻하는 'bullet'은 [búlit]으로 발음되므로 '불릿'으로 표기해야 한다. 그런데 "식스 블릿츠: 분노의 추적"(Six Bullets, 2012), "800 블렛"(800 Bullets, 800 balas, 2002) 등의 영화 제목이 있다.

기출 분석

[2009, 국회 8급 21번 ① '뷔페']
[2010, 서울 9급 5번 ① '뷔페']
[2011, 지방 7급 2번 ① '뷔페']

오용 사례

○ 데뷰 debut[deby], 데자뷰 dejavu[deʒavy], 스케쥴 schedule[skédʒu:l]

'데뷰', '데자뷰'는 각각 '데뷔', '데자뷔'로 표기해야 한다. 프랑스 어 'rendezvous [rá:ndəvù:]'는 '랑데부'로 표기한다. 2006년 개봉한 영화 "데자뷰"(The Dejavu)는 '데자뷔'로 표기하는 것이 맞다.

▣ 단모음 [i]의 표기

단모음 [i]는 '이'로 표기한다. 그런데 발음을 확인하지 않고 철자에 이끌려서 잘못 표기하는 경우가 많다.

기출 분석

[2014, 2차 경찰 10번 ③ '레포트 → 리포트']
[2013, 기상 2번 ④ '메세지 → 메시지']
[2009, 국회 8급 21번 ① '팜플렛 → 팸플릿', ② '소시지', ④ '바비큐']
[2015, 국회 8급 1번 ⑤ '타깃']
[2006, 서울 7급 4번 ① '소세지 → 소시지']
[2010, 서울 9급 5번 ⑤ '레포트 → 리포트', '바비큐']
[2015, 서울 9급 6번 ① '소시지', '팜플렛 → 팸플릿']
[2012, 지방 9급 3번(상반기) ④ '팸플릿']
[2013, 지방 9급 5번 ① '바베큐 → 바비큐', ③ '타깃', ④ '메세지 → 메시지']
[2014, 지방 9급 2번 ① '리포트']

모음 [i]의 표기 오류는 대부분이 'e'로 표기된 단어들을 'ㅔ'로 표기하는 것들이다. "조사나 연구, 실험 따위의 결과에 관한 글이나 문서", "학생이 교수에게 제출하는 소논문(小論文)" 등을 이르는 말은 '레포트'가 아니라 '리포트'이다. 'pamphlet'은 '팜플렛'으로 많이 사용하지만 관용에 따라 '팸플릿'으로 표기한다. '히로나카 헤이스케'(2006: 255)에도 "흔히 기업 팜플렛 등에서"와 같은 표기가 나온다. 2007년 개봉한 영화 "더블 타겟"(Double Target)은 '더블 타깃'으로 표기하는 것이 맞다.

오용 사례

○ 비스켓 biscuit[bískit], 본넷/본네트 bonnet[bάnit], 바로메타 barometer[bərάmitər<미>]/[bərɔ́mitər<영>], 캐비넷 cabinet[kǽbənit], 델리셔스 delicious[dilíʃəs], 엘레베이터 elevator[éləvèitər], 임페니얼 imperial[ɪmpɪriəl], 자켓/자킷 jacket[dʒǽkit], 마가레트/마가렛트 marguerite[mὰːrgəríːt], 너겟 nugget[nΛgit], 퍼센테이지 percentage[pərséntidʒ], 슈퍼리어 superior[sjuːpíəriər], 서스펜드 게임 suspended[səspéndid] game

이 말들은 '비스킷', '보닛', '바로미터', '캐비닛', '딜리셔스', '엘리베이터',

'임피니얼', '재킷', '마거리트', '너깃', '퍼센티지'13), '슈피리어', '서스펜디드 게임' 등으로 표기해야 한다. '보닛'은 자동차 엔진이 있는 앞부분의 덮개를 가리키기도 하지만 턱 밑에서 끈을 매게 되어 있어 여자나 어린아이들이 쓰는 모자를 가리키는 말이기도 하다.

'imperial'은 '임페리얼'로 많이 쓰지만 외래어 표기법에 맞게 표기하면 '임피니얼'이다. 외래어 표기 용례에서는 미국 캘리포니아 주 남단부에 있는 도시 이름과 '솔턴 호(Salton湖)'를 설명하는 곳에서 'imperial'을 '임피리얼'로 표기한다. 다만 외래어 표기 용례의 '폴 너스(Paul M. Nurse)' 등의 항목을 보면 '임페리얼 암연구기금'이라는 표기가 있는 것으로 보아 '임페리얼'을 관용적 표기로 허용하는 것 같다. 'marguerite'는 국화과의 여러해살이풀을 가리키는 말로 '마거리트'로 표기해야 하지만 표기에 이끌려 '마가레트' 또는 '마가렛트'로 표기하는 경우가 많다. 2015년에는 "마가렛트 여사의 숨길 수 없는 비밀"(Marguerite)이라는 제목의 영화가 개봉되었다.

외래어 표기 용례의 표기 원칙(1986)에서는 "[ə]의 음가를 가지는 i와 y는 '이'로 적는다."라고 규정하고 있다. 따라서 'community[kəmjú:nəti]', 'identity [aidéntəti]', 'personality[pə̀:rsənǽləti]', 'sensitive[sénsətiv]'는 '커뮤너티', '아이덴터티', '퍼스낼러티', '센서티브'가 아니라 '커뮤니티', '아이덴티티', '퍼스낼리티', '센시티브'로 표기한다. <표준국어대사전>에는 '아이덴티티'와 '커뮤니티'는 등재되어 있다. '퍼스낼리티'와 '센시티브'는 각각 '경계 퍼스낼리티 장애(境界 personality障礙)', '센시티브 아이템(sensitive item)'과 같은 복합어로 등재되어 있다.

'elephant'는 [éləfənt]로 발음되므로 '엘러펀트' 정도로 표기하는 것이 외래어 표기법에 맞다. 그런데 외래어 표기 용례의 '밴 샌트, 거스(Van Sant, Gus)' 항목에서는 영화 'Elephant'을 "엘리펀트"(2003)로 표기하고 있다.

---

13) '퍼센티지'는 '백분율' 또는 '백분율의 단위'를 뜻하는 말이고, '퍼센트(percent)'는 '프로(←<네>procent)'와 동의어로 백분율을 나타내는 단위를 뜻한다. 엄밀하게 말해 '퍼센티지'와 '퍼센트'는 같은 말이 아니다. '프로테지'는 이미 같은 뜻을 나타내는 단어가 존재하므로 쓰지 않는 것이 바람직하다.

▣ 단모음 [æ]의 표기

기출 분석

[2013, 기상 2번 ② '탤런트', ⑤ '네비게이션 → 내비게이션']
[2009, 국회 8급 21번 ① '배터리', ② '내레이션', ③ '플래카드']
[2014, 국회 8급 '카라멜 → 캐러멜']
[2004, 서울(10월) 9급 4번 ① '내래이션 → 내레이션']
[2010, 서울 9급 5번 ③ '악세서리 → 액세서리', ④ '플래카드']
[2013, 서울 9급 4번 ① '스넥 → 스낵', ② '재킷', ⑤ '네비게이션 → 내비게이션']
[2010, 지방 9급 2번 ④ '플래카드']
[2013, 지방 9급 5번 ② '재킷', '밧데리 → 배터리']
[2013, 지방 7급 4번 ① '플랭카드 → 플래카드']
[2015, 지방 교육 6번 ① 재킷, ② '판넬 → 패널']

단모음 [æ]는 '애'로 표기하는 것이 원칙이다. 따라서 'caramel[kǽrəmel]', 'navigation[nævəgéiʃən]'은 각각 '캐러멜', '내비게이션'으로 표기해야 한다. 'narration'은 '내레이션'으로 표기하므로 'narrator'도 '나레이터'가 아니라 '내레이터'로 표기한다. "카라멜"(Caramel, 2007)로 표기된 영화 제목도 있다. 'placard'는 [plǽkaːrd]로 발음되므로 '플랜카드', '플랭카드'가 아닌 '플래카드'로 표기해야 한다. 특히 벽널(벽을 바르는 데 쓰는 널빤지) 따위의 건축용 널빤지를 '판넬'이라고 표기할 때가 많은데, '패널'로 표기해야 한다.

단모음 [æ]를 표기할 때 유의해야 할 점이 몇 개 있다. 첫째, 관용에 따른 예외적인 표기가 많으므로 주의해야 한다. 'gas[gæs]', 'clarinet[klærənét]', 'tabloid[tǽblɔid]' 등은 관용에 따라 '가스', '클라리넷', '타블로이드'로 표기한다. 또한 원자를 뜻하는 'atom[ǽtəm]'은 관용에 따라 '아톰'으로 적는다. 'paradise'는 [pǽrədàis]로 발음되므로 '패러다이스' 정도로 표기해야 할 것이다. 그런데 정부언론외래어공동심의위원회 제5차 회의(1993. 01. 19.)에서는 관용을 존중하여 '파라다이스'를 표준으로 정했고, <표준국어대사전>에도 '파라다이스'가 등재되어 있다. 이와 달리 외래어 표기 용례에서는 미국의 도시 이름을 '패러다이스'로 표기하고, 'paradise fish'를 '패러다이스피시'로 표기하고 있는데, 이것은 원칙에 따른 표기로 보인다.

둘째, 영국식 영어와 미국식 영어에서 각각 [ɑ]와 [æ]로 소리 날 때에는 미국식 영어로 적는다. 그래서 'graph[græf<미>/grɑf<영>]', 'pass[pæs<미>/pɑs<영>]'는 각각 '그래프', '패스'로 표기한다. 하지만 여기에도 예외적인 표기가 있다. 'banana[bənǽnə<미>/bənɑ́ːnə<영>]', 'chance[ʧæns<미>/ʧaːns<영>]', 'drama[drɑ́ːmə<미>/drǽmə<영>]', 'mask[mæsk<미>/maːsk<영>]', 'panorama[pænərǽmə<미>/pænərɑ́ːmə<영>]' 등은 영국식 발음에 따라 '찬스', '바나나', '드라마', '마스크', '파노라마' 등으로 표기한다. 오페라 가수 '폴 포츠'의 이야기를 다룬 영화 "원챈스"(One Chance, 2013)는 '원찬스'가 되어야 한다. 이에 비해 "세컨 찬스"(En chance til A Second Chance, 2014)에서 '찬스'는 바르게 표기되었다.

셋째, 원음이 [æ]와 [ə]로 나는 경우는 '애'로 표기하는 것이 기본 원칙이다. 그래서 'program[próugræm/-rəm]'은 '프로그램'으로 표기한다.

한편 '제러미 벤담'이 고안한 '원형감옥(panopticon)'은 일상생활에서 '판옵티콘', '파놉티콘', '팬옵티콘' 등으로 표기되고 있다. 'panopticon'의 외래어 표기는 아직 심의를 거치지 않았지만 그 발음이 [pænɔ́ptikɔn]인 것을 볼 때 '패놉티콘'이다. 국립국어원의 '온라인 가나다'의 답변(2013. 05. 13., 2005. 04. 21.)에서도 '패놉티콘'으로 적는 것이 좋다고 한다. 2015년 9월 고등학교 1학년 전국연합평가 지문에도 '패놉티콘'으로 표기하고 있다.

오용 사례

○ 엑서스 access[ǽkses], 아답터 adapter[ədǽptər], 아프터서비스 after service[ǽftər sə́ːrvis], 알바트로스 albatross[ǽlbətrɔ̀(ː)s], 바란스/발란스 balance[bæləns], 베스 bass[bæs], 클라스 class[klæs], 클라이막스 climax[kláimæks], 데미지 damage[dǽmidʒ], 다이나믹 dynamic[dainǽmik], 할로윈 halloween[hælouíːn], 자스민 jasmine [dʒǽzmin], 클락숀 klaxon[klǽksən], 라미네이트 laminate[lǽmənèit], 말콤 malcolm[mǽlkəm], 맨하튼 Manhattan[mænhǽtn], 판토마임 pantomime[pǽntəmàim], 사라다 salad[sæləd], 슬라브 slab[slæb], 스넥 snack[snæk], 발렌타인데이 Valentine Day[væləntain]

이들 외래어들은 각각 '액서스', '어댑터', '애프터서비스', '앨버트로스', '밸런스', '배스', '클래스', '클라이맥스', '대미지', '다이내믹', '핼러윈', '재스민', '클랙슨', '래미네이트', '맬컴', '맨해튼', '팬터마임', '샐러드', '슬래브', '스낵', '밸런타인데이'로 표기한다.

이처럼 단모음 [æ]의 표기도 일상생활에서 많이 틀린다. 만성절 전날인 10월 31일에 행해지는 축제인 'halloween'은 많은 사람들이 '할로윈'으로 사용하고 있다. 그래서인지 'halloween'을 제목으로 하는 영화는 거의 "할로윈"(2007)으로 표기하고 있다.

'damage'는 '데미지'로 많이 표기되고 있다. 1992년 "데미지"(Fatale)라는 제목의 영화가 소개된 이후에도 2002년에는 "콜래트럴 데미지"(Collateral Damage)가 개봉되었다. 그런데 'collateral'의 영국식 발음이 [kɔlætərəl]이므로 '콜래터럴 대미지'가 되거나 미국식 발음인 [kəlætərəl]을 따르면 '컬래터럴 대미지' 정도가 될 것이다.

영화 제목 중에서 'Valentine'을 포함하고 있는 영화들은 "블루 발렌타인"(Blue Valentine, 2010)처럼 대부분이 '발렌타인'으로 표기되어 있다. 미국 흑인으로 블랙 모슬렘의 일원을 뜻하는 말인 'Malcolm X'는 '맬컴 엑스'로 표기한다. 영화 제목인 "말콤 X"(Malcolm X)도 외래어 표기 용례에 따르면 '맬컴 엑스'로 표기해야 한다. 2011년에 "에어리언 플레닛"이라는 영화가 개봉되었는데, 원제목이 "Ferocious Planet"이다. 'planet'의 발음이 [plǽnit]이므로 '플래닛'으로 표기해야 하고, '에어리언'을 'alien'의 뜻으로 썼다면 '에일리언'으로 표기해야 한다.

한편 'fresh[freʃ]'는 '프레시'로 표기하지만 'flash[flæʃ]'는 '플래시'로 표기한다. 특히 '플래시'를 '후라시', '플래쉬' 등으로 표기해서는 안 된다. 또한 '프랜차이저 franchiser[frǽntʃaizər]'는 '상품제휴본점'을 뜻하는 말이고, '프랜차이즈 franchise[frǽntʃaiz]'는 '연쇄점', '지역할당', '가맹점'을 뜻하는 말이므로 두 말은 구분해서 사용해야 한다.

▣ 단모음 [ə]의 표기

영어에서 강세가 없는 'a, e, i, o, u'는 [ə]로 소리 나는데, 'i'를 제외하고는

'어'로 표기한다. 그래서 'mystery[místəri]'는 '미스터리'로 표기해야 하므로 "미스테리 예고살인"(Mysteria, 2011)의 '미스테리'는 '미스터리'로 표기해야 한다. 한편 'i'가 강세가 없는 자리에서 [ə]로 소리 나더라도 항상 'ㅣ'로 적는다. 따라서 'festival[féstəvəl]'은 '페스티벌'로 표기한다.

그런데 [ə]는 관용적인 표기가 많아서 일일이 암기해야 하는 문제가 있다. '아나운서(announcer[ənáunsər])', '아파트(apartment[əpɑ́ːrtmənt])', '어젠다(agenda [ədʒéndə])', '아트리움(atrium[ɑ́ːtriəm])', '칼라(collar[kɑ́lər])', '코코넛(coconut [kóukənʌt])', '콤바인(combine[kəmbáin])', '멜론(melon[mélən])', '미네랄(mineral [mínərəl])', '모멘트(moment[móumənt])' 등은 [ə]로 소리 나지만 '아', '에', '오', '우' 등으로 표기한다. 또한 'royal[rɔ́iəl]'은 '로이얼'이 원칙이지만 관용에 따라 '로열'로 표기한다.

한편 어말의 'a'가 [ə]로 약화되어 발음될 때에는 'ㅓ'로 적지 않고 'ㅏ'로 적는 것이 원칙이다. 그래서 'bacteria[bæktíəriə]', 'mania[méiniə]'는 '박테리아', '마니아'로 표기한다. 그런데 여기에도 예외가 있다. 즉 'media[míːdiə]', 'idea[aidíə][14]', 'data[déitə]', 'nostalgia[nɔstǽldʒə]', 'area[ɛ́əriə]', 'salvia[sǽlviə]', 'freesia[friːziə]', 'stamina[stǽmənə]' 등은 관용을 인정하여 '미디어', '아이디어', '데이터', '노스탤지어', '에어리어', '샐비어', '프리지어', '스태미나' 등으로 표기한다.

[ə]로 약화되어 발음되는 'al'의 'a'도 'ㅓ'로 적는다. 그러므로 'digital [dídʒətl]', 'moral[mɔ́ːrəl]', 'original[ərídʒənl]', 'portal[pɔ́ːrtl]', 'terminal[tə́ːrmənl]', 'total[tóutl]', 'vital[váitl]' 등은 '디지털', '모럴', '오리지널', '포털', '터미널', '바이털', '토털' 등으로 표기한다. 그러므로 "토탈 리콜"(Total Recall, 2012·1990)은 '토털 리콜'로 표기해야 한다. 그러나 관용을 인정하여 'metal[métl]', 'oriental[ɔ̀ːriéntl]'은 각각 '메탈', '오리엔탈'로 표기한다. 그리고 'recital[risáitl]'은 '리사이틀'로 표기한다. 'mental[mentl]'은 '멘틀'로 표기하지만 'mental'이 결합한 '센티멘털리즘(sentimentalism)', '센티멘털하다(sentimental)', '인스트루멘

14) 플라톤 철학에서 유래한 철학 용어인 'idea'는 '이데아'로 적는다.

털리즘(instrumentalism)', '펀더멘털리즘(fundamentalism)'은 '멘털'로 표기한다.

기출 분석

[2010, 소방 16번 ② '센터']
[2013, 기상 2번 ③ '로얄티 → 로열티', '리모콘 → 리모컨', '메카니즘 → 메커니즘']
[2015, 기상 12번 ① '그러데이션', ③ '라스베이거스', '컨소시엄']
[2015, 사회복지 2번 ④ '라이선스']
[2004, 국회 8급 7번 ① '매스콤 → 매스컴']
[2009, 국회 8급 21번 ⑤ '라스베이거스']
[2014, 국회 8급 21번 '심포지엄', '프러포즈']
[2015, 국회 8급 1번 ③ '케첩', ⑤ '심포지움 → 심포지엄']
[2004, 서울(10월) 9급 4번 ② '심포지움 → 심포지엄', ③ '스탠다드 → 스탠더드']
[2010, 서울 9급 5번 ④ '캐럴']
[2013, 서울 9급 4번 ⑤ '디지털']
[2013, 지방 9급 5번 ③ '심벌']
[2011, 국가 7급 2번 ③ '로터리']
[2008, 지방 9급 1번 ② '디지탈 → 디지털']
[2010, 지방 9급 2번 ① '심포지움 → 심포지엄', ② '센터']
[2014, 지방 9급 2번 ③ '심포지엄']
[2015, 지방 교육 6번 ① '심벌', ③ '콘트롤 → 컨트롤', '캐럴']

'그러데이션'으로 표기되는 'gradation[grədéiʃən]'은 '바림'이라고도 하는데, "색깔을 칠할 때 한쪽을 짙게 하고 다른 쪽으로 갈수록 차츰 엷게 나타나도록 하는 일"을 가리키는 말이다. 또한 이 말은 "그림, 사진, 인쇄물 따위에서 밝은 부분부터 어두운 부분까지 변화해 가는 농도의 단계"를 가리키는데, '계조(階調)'라고도 한다.

한편 어말의 '-a[ə]'는 '아'로 표기하므로 'Georgia[dʒɔ́ːrdʒə]'는 '조지아'로 적는다. '프러포즈'의 명사형인 'proposal'은 '프러포절'로 표기한다. 1993년에 개봉한 "101번째 프로포즈"(101st Proposal)를 비롯한 많은 영화들이 '프로포즈'로 표기하고 있다. 2009년 개봉된 "크리스마스 캐롤"(A Christmas Carol)과 "캐롤"(Carol, 2015)은 '캐럴'로 표기해야 한다. 또한 "사랑이 짧으면 슬픔이 길어진다."라는 문구로 유명했던 영화 "라스베가스를 떠나며"(Leaving Las Vegas, 1995)는 '라스베이거스를 떠나며'가 되어야 한다.

오용 사례

○ 에어콘 air conditioner[kəndíʃənər], 애비뉴 avenue[ǽvənjùː], 부시맨 bushman[búʃmən], 캐논 cannon[kǽnən], 캐리비안 Caribbean[kærəbíːən], 캐피탈 capital [kǽpətl], 캐롯, carat[kǽrət], 캐리어 career[kəríər], 캐롯 carrot[kǽrət], 케미칼 chemical [kémikəl], 크리스찬 Christian[krístʃən], 콜렉션 collection[kəlékʃən], 컴패니 company[kΛmpəni], 컴프레셔 compressor[kəmprésər]), 콘디션 condition[kəndíʃən], 콘소시엄 consortium [kənsɔ́ːrʃiəm], 콘테이너 container[kəntéinər], 카운셀러 counselor[káunsələr], 크리스탈 crystal[krístl], 데코레이션 decoration[dèkəréiʃən], 디렉토리 directory[diréktəri], 드래곤 dragon[drægən], 다이내스티 dynasty[dáinəsti], 엠블렘 emblem[émbləm], 포춘 fortune [fɔ́ːrtʃən], 호라이즌 horizon[həráizn], 인터발 interval[íntərvəl], 라벤다 lavender [lǽvəndər], 라이센스 license[láisəns], 말보로 Marlboro, 메소드 method[meθəd], 메디칼 medical[médikəl], 미라클 miracle[mírəkl], 네가티브 negative[négətiv], 오리지날 original[ərídʒənl], 파이오니어 pioneer[pàiəníər], 레프리 refere[rèfəríː], 렌탈 rental [réntl], 레파토리 repertory[répərtɔ̀ːri], 류마티즘 rheumatism[rúːmətìzm], 솔루션 solution [səlúːʃən], 스페샬 special[spéʃəl], 스펙타클 spectacle[spéktəkl], 스탠다드 standard[stændərd], 스톨른 stolen[stóulən], 슈가 sugar[ʃúgər], 스웨타/세타/쉐타 sweater[swétər], 타부 taboo[təbúː], 트래디셔널 traditional[trədíʃənl], 유니버셜 universal[jùːnəvə́ːrsəl], 버티칼 vertical[və́ːrtikəl], 레카 wrecker[rékər]

위의 단어들은 각각 '에어컨', '애버뉴', '부시먼', '캐넌', '캐리비언', '캐피털', '캐럿', '커리어'[15], '캐롯', '케미컬', '크리스천', '컬렉션', '컴퍼니', '컴프레서', '컨디션', '컨소시엄', '컨테이너', '카운슬러', '크리스털', '데커레이션', '디렉터리', '드래건', '다이너스티', '엠블럼', '포천', '허라이즌', '인터벌', '라벤더', '라이선스', '말버러', '메서드', '메디컬', '미러클', '네거티브', '오리지널', '파이어니어', '레퍼리', '렌털', '레퍼토리', '류머티즘',

15) 한편 '나르는 것' 또는 '운반체'를 의미하는 'carrier[kǽriər]'는 '캐리어'로 표기한다.

'설루션', '스페셜', '스펙터클', '스탠더드', '스톨런', '슈거', '스웨터', '터부', '트러디셔널', '버티컬', '레커' 등으로 표기해야 한다. 여기서 'carat'은 보석의 무게를 나타내는 단위이고, 'carrot'은 당근을 이르는 말이며, 'dynasty'를 '다이내스티'로 표기한 상품명은 고유 명사로 인정한다.

'avenue'는 미국, 프랑스 등에서 거리를 뜻하는 말로 쓰인다. 이를 영어식 발음에 따라 표기하면 '애버뉴'가 되고, 프랑스 어 발음에 따라 표기하면 '아브뉘'가 된다. 'solution[səlúːʃən]'을 '설루션'으로 표기한다면 'absolution[æbsəlúːʃən]'도 '애브설루션'[16]으로 표기해야 할 것이다.

'cannon'은 <표준국어대사전>에 길고 큰 포신을 가진, 원거리 사격용 대포를 뜻하는 '카농포'(<프>canon砲)와 동의어로 등재되어 있다. 이때는 '캐넌포'(cannon砲)라고도 한다. 또한 '캐넌'은 당구에서, 공을 치는 사람의 공이 목표로 하는 공 둘을 연속적으로 맞히는 일을 뜻하는 말로도 쓰인다. 그리고 테니스에서, 매우 빠른 속도의 직구 서브를 뜻하는 '캐넌볼'(cannon-ball)이 등재되어 있다. "캐논포더: 죽은 자들의 도시"(Cannon Fodder, Basar Totahim, 2013)라는 영화 제목이 있다.

'Caribbean[kærəbíːən]'의 표기는 심의된 적이 없다. 다만 '그레이트 아바코(Great Abaco) 섬'을 "대서양의 캐리비언 해(Caribbean sea)에 있는 바하마(Bahamas)령 섬"으로 설명하고 있는 외래어 표기 용례를 참고할 때 '캐리비언'으로 표기하는 것이 맞을 것 같다. 그렇다면 "캐리비안 해적"(Pirates of the Caribbean)이라는 영화 제목도 외래어 표기법에 맞지 않다.

'컬렉션(collection)'은 "미술품이나 우표, 화폐, 책, 골동품 따위를 모으는 일" 또는 "모아진 물건들", "관련된 물품들의 집합"이라는 의미로 <표준국어대사전>에 등재되어 있다. 따라서 2012년 개봉한 "콜렉션"(The Collection)은 '컬렉션'으로, "본 콜렉터"(The Bone Collector, 1999)는 '본 컬렉터'로 표

16) "어말과 모든 자음 앞에 오는 유성 파열음([b], [d], [g])은 '으'를 붙여 적는다."라는 외래어 표기법 제2항에 따른 표기이다. 그런데 외래어 표기 용례나 다듬은 말 목록을 보면 'absolution'의 'ab'와 같은 음운 환경인 'abstract[æbstrækt]'을 '앱스트랙'으로 표기하고 'abstract'이 결합한 말들은 '앱스랙트발레', '앱스랙트 컷(abstract cut)', '앱스랙트 아트(abstract art)', '앱스랙트 디자인(abstract design)' 등으로 표기하고 있다. 그렇다면 '앱설루션'으로 표기할 가능성도 있다.

기해야 한다.

'continental'의 표기는 아래 표에서 알 수 있듯이 몇 가지 표기가 뒤섞여 있다.

표 5 'continental'의 표기 비교(마지막 검색일 2016. 06. 06.)

	표준국어대사전	외래어 표기 용례	다듬은 말
continental		콘티넨털 '무뇨스, 오스카' 설명 항목	
continental look			콘티넨탈 룩 '가타마이(가다마이)' 설명 항목
Continental Airlines		콘티넨털 항공	
continental championship			컨티넨탈 챔피언십
continental grip	콘티넨털 그립	콘티넨털 그립	컨티넨탈 그립
continental style			콘티넨털 스타일
continental tango	콘티넨털 탱고	콘티넨털 탱고	
intercontinental		인터콘티넨털	

'continental'의 미국식 발음은 [kὰntənéntl]이고, 영국식 발음은 [kɔ̀ntinéntl]이다. 현재 이 말은 <표준국어대사전>에 표제어로 등재되어 있지 않지만 'continental'이 결합한 말이 등재되어 있고, 외래어 표기 용례와 다듬은 말 목록에서도 'continental' 결합된 말들을 찾을 수 있는데, 그 표기가 몇 가지 형태로 나타난다. 즉 'continental'이 '콘티넨털', '콘티넨탈', '컨티렌탈' 등으로 표기되고 있다. 'continental' 표기와 함께 혼란스러운 것은 'marine[məríːn]'의 표기이다. 'marine'은 원칙적으로는 '머린'으로 적어야 하지만 <표준국어대사전>에는 '아쿠아마린(aquamarine)'과 '머린 카메라(marine camera)'가 등재되어 있다. 또한

외래어 표기 용례에는 '머린 룩(marine look)'이 등재되어 있어 혼란스럽다. 영화 제목 중에도 "마린보이"(Marine Boy, 2009)가 있고, "아쿠아마린"(Aquamarine, 2006)이 있다.

2008년에 "인디아나 존스: 크리스탈 해골의 왕국"(Indiana Jones and the Kingdom of the Crystal Skull)이라는 제목의 영화가 개봉되었다. 그런데 이때는 '크리스탈'이 아니라 '크리스털'로 표기해야 한다.

용을 주제로 한 영화들 대부분이 "댄스 오브 드래곤"(Dance of the Dragon, 2007)처럼 '드래곤'을 제목으로 하고 있는데, '드래건'으로 표기해야 한다. 외래어 표기 용례에는 요트의 크기에 따른 등급 중에 '드래건급'이 있다.

'european[jùərəpíən]'의 표기에 대한 자료도 없다. 다만 "국어순화자료집"(1999)에는 '유러피안 캐주얼', '유러피안 트러디셔널[17]'처럼 '유러피안'으로 표기하고 있다. 그런데 'Caribbean[kærəbíːən]', 'opinion[əpínjən]'의 [ən]은 '언'으로 표기하는 것에 비추어 보면 문제가 있는 표기이다. 이와 달리 "새국어생활"(제2권 제2호, 1992년 여름)에서는 1992년 5월 10일 스포츠 서울 21면의 '유로피안'의 바른 표기를 '유러피언'이라고 한다.

'horizon'을 외래어 표기 용례에서는 '허라이즌'으로 표기한다. 세계 첫 무인 명왕성(冥王星) 탐사선인 'New Horizons'는 '뉴허라이즌스호(號)'로 표기하고 미국의 도시 'Horizon City'도 '허라이즌 시티'로 표기한다. 다만 '물리'에서 사용하는 전문어인 'gyro horizon'은 관용을 인정하여 '자이로호라이즌'으로 표기한다. 그러므로 "블라인드 호라이즌"(Blind Horizon, 2004)과 같은 영화 제목은 잘못되었다.

'miracle'도 많이 틀리는 표기인데, 이 단어에 대해 직접적으로 규정한 것은 없다. 다만 외래어 표기 용례에서 'cine-miracle'을 '시네미러클'로 표기하고 있으므로 '미러클'로 표기하는 것이 적절할 것이다. 그런데 2009년에 개봉된 "미세스 미라클"(Mrs. Miracle)을 비롯한 많은 영화 제목의 표기가 잘못되었다.

'pioneer'는 'pioneer[pàiəníər]'로 발음되므로 '파이오니아'가 아닌 '파이어니

---

17) 영어 'traditional'은 흔히 '트래디셔널'로 표기되는데, '트러디셔널'로 표기하는 것이 외래어 표기법에 맞다.

어'로 표기해야 한다. 따라서 "파이오니아"(Pioneer, 2013)라는 영화 제목도 외래어 표기법에 맞지 않다.

'royal'은 '로얄'이 아니라 '로열'로 표기해야 한다. 그러므로 "배틀 로얄"(Battle Royale, 2000), "007 카지노 로얄"(Casino Royale, 2006), "로얄 어페어"(A Royal Affair, 2012) 등도 외래어 표기법에 맞지 않은 표기이다.

'stolen'의 표기도 정해지지 않았다. 그러나 그 발음이 [stóulən]이므로 '스톨런'으로 표기해야 한다. 다듬은 말 목록에는 'stolen base'를 '스톨런 베이스(도루)'로 표기하고 있는 것을 참고할 수 있다. 그렇다면 "스톨른"(Stolen, 2012)이라는 영화 제목의 표기도 외래어 표기법에 맞지 않다.[18)]

'sugar'도 '슈거'로 표기해야 하지만 "슈가박스"(Sugar Boxx, 2009), "서칭 포 슈가맨"(Searching for Sugar Man, 2011) 등의 영화 제목이 있다.

'universal'을 제목으로 하는 영화들은 "유니버셜 솔저3: 리제너레이션"(Universal Soldier: Regeneration, 2009), "유니버설 솔저: 그 두 번째 임무"(Universal Soldier: The Return, 1999)처럼 '유니버설'과 '유니버셜'을 혼용해서 쓰고 있다.

'vertical'은 "버티칼 리미트"(Vertical Limit, 2000)라는 제목의 영화 때문인지 '버티칼'로 표기하는 경우가 많다. 외래어 표기 용례나 다듬은 말 목록에는 'vertical'이 결합한 '버티컬 라인(line)', '버티컬 블라인드(blind)', '버티컬수차(水車)', '버티컬 크로스(cross)', '버티컬 피드(feed)' 등의 몇몇 합성어나 구(句)가 제시되어 있다. 한편 다듬은 말 목록에는 'vertical drop'을 '버티칼 드롭'으로 제시하고 있어, 혼란스럽다.(마지막 검색일, 2016. 06. 06.)

▣ 단모음 [ɔ], [o]의 표기

영어의 [ɔ], [o]는 '오'로 표기하는 것이 원칙이다. 그런데 영어에서 [o]는 중모음 [ou]의 첫 모음으로만 쓰인다. 따라서 'component[kəmpóunənt]'는 '컴포넌트'로 표기해야 한다. 영국식 영어의 [ɔ]는 미국식 영어의 [ɑ]에 대응된다. [ɔ]의 표

18) 한편 최근 개봉한 "런던 해즈 폴른"(London Has Fallen, 2016)이라는 영화 제목에서 'fallen'은 [fɔ́ːlən]으로 발음되므로 '폴런'으로 표기해야 할 것이다.

기에도 관용적으로 허용되는 표기가 있다. 'documentary[dὰkjuméntəri]는 '다큐멘터리'[19]로 표기하고, 'hot-dog([hɑt-dɔg]/[hɔt-dɔg])'는 '핫도그'로 표기한다. 'shot'은 의미에 따라 표기가 달라진다. 골프 용어는 '샷[ʃat]'으로 표기하지만 영화 용어는 '숏[ʃɔt]'으로 표기한다.

기출 분석

[2009, 국회 8급 21번 ③ '콘셉트']
[2010, 서울 9급 5번 ② '컨셉 → 콘셉트']
[2015, 서울 9급 4번 '보디로션']
[2012, 국회 8급 1번 ③ '콘셉트', ⑤ '콘테스트']
[2014, 국회 8급 21번 '컨텐츠 → 콘텐츠']
[2015, 국회 8급 1번 ④ '컨셉트 → 콘셉트']
[2013, 지방 9급 5번 ① '커피숍']
[2014, 지방 9급 2번 ① '워크숍', '콤플렉스']
[2011, 국가 7급 2번 ① '커피샵 → 커피숍']
[2014, 국가 7급 11번 ③ '콘셉트']
[2015, 기상 12번 ② '콘텐츠']

'body[bɔdi]'는 '보디'로 표기하므로 '보디랭귀지', '보디로션' 등으로 표기한다. 2008년 개봉한 영화 "바디 오브 라이즈"(Body of Lies)를 비롯한 많은 영화 제목들이 '보디'를 '바디'로 표기하고 있다. 'concept[kɔ́nsept]'는 '콘셉트'로 표기한다. 'shop'은 미국식 영어에서는 [ʃap]으로 발음되므로 '샵'으로 표기할 수 있지만 영국식 영어에서는 [ʃɔp]으로 발음되므로 '숍'으로 표기한다.

---

19) 단 'documentation(무역에서, 선적(船積) 서류를 작성하는 일 또는 연구에 필요한 문서, 증거 서류, 자료, 문헌 따위를 잘 이용할 수 있도록 정리하고 체계화하는 기술)'은 '도큐멘테이션'으로 표기한다. 또한 1955년 독일의 '카셀(Kassel)'에서 처음으로 열린 국제 미술 전람회인 'Documenta展'도 '도쿠멘타전'으로 표기한다.

오용 사례

- 블럭 block[blak<미>]/[blɔk<영>], 팔로워 follower[fάlouər<미>/fɔ́louər<영>], 할리데이 holiday[hɔlədèi<미>]/[hɔ́lədèi<영>], 넉오프 knockoff[nakɔ̀f<미>]/[nɔ́kɔ̀f<영>], 넉아웃 knockout[nakaut<미>]/[nɔkaut<영>], 런칭 launching[lɔːntʃiŋ], 업사이드 offside[ɔːfsaid], 라카 룸/락카 룸 locker room[lάkər<미>]/[lɔ́k-<영>], 라커 locker[lάkər<미>]/[lɔ́kər<영>], 루스타임 loss time[lɔːs<미>]/[lɔs<영>], 라커 rocker[rάkər<미>]/[rɔ́kər<영>], 락 rock[rak<미>]/[rɔk<영>], 스탑 stop[stap<미>]/[stɔp<영>], 시삽 sysop[sísὰp<미>]/[sísɔ̀p<영>], 탑 top[tap<미>]/[tɔp<영>]
- 컴팩트 compact[kάmpækt<미>]/[kɔ́mpækt<영>], 컨서트 concert[kɔ́nsət], 콘돌 condor [kάndər<미>]/[kɔ́ndɔː<영>], 컨퍼런스 conference[kɔ́nfərəns], 컨피덴셜 confidential [kὰnfədénʃəl<미>]/[kɔ̀nfədénʃəl<영>], 컨택트 contact[kɔ́ntækt], 컨트랙트 contract[kɔ́ntrækt]

[ɔ] 표기 오류를 두 가지로 나누어 살펴보자. 첫 번째 유형의 오류를 보이는 단어들은, 미국식 영어와 영국식 영어가 다를 때에는 기본적으로 영국식 영어를 따라서 표기한다는 원칙을 어겼다. 위의 단어들은 각각 '블록[20]', '녹오프', '녹아웃', '폴로어', '홀리데이', '론칭', '오프사이드', '라커 룸', '로커', '로스타임', '록', '로커', '스톱', '시솝', '톱' 등으로 표기해야 한다.

'블럭'이 아니라 '블록'으로 표기하는 것도 영국식 발음인 [blɔk]을 표준으로 삼았기 때문이다. 'block'은 '블록'으로 표기해야 하므로 "식스틴 블럭"(16 Blocks, 2006)이라는 영화 제목은 '식스틴 블록'으로 표기해야 한다. 'knockout'은 '케이오'와 같은 말로 권투에서, 선수가 다운되어 10초 안에 경기를 다시 시작하지 못하는 상태를 이르거나 야구에서, 투수가 상대편 타자들에게 연타를 맞고 마운드에서 물러나는 일을 이르는 말로 '녹아웃'으로 표기한다. 따라서 'knockoff'도 '녹오프'로 표기해야 할 것이다. "넉오프"(Knock Off, 1998), "넉아웃"(Knockout, 2011) 등의 영화 제목이 있다.

20) 초(超)대작, 대 히트작, 초베스트셀러 등을 의미하는 'blockbuster'도 '블록버스터'로 표기한다. 이 말을 국립국어원에서 '초대작(超大作)', '초대형 영화(超大型 映畵)'로 순화했다. '블록버스터'가 이런 의미를 나타낸다면 '초대형 블록버스터'라는 표현은 의미 중복 표현으로 볼 수도 있다.

그리고 'locker room'에 쓰인 'locker'는 "자물쇠가 달린 서랍이나 반닫이" 따위를 이르는 말인데, 사전에 '로커'로 등재되어 있으므로 '로커 룸'으로 표기하는 것이 맞지만 관용을 존중하여 '라커 룸'으로 표기한다.[21] "코인라커"(The Coin Locker, 2015)는 '코인로커'로 표기해야 한다. 영화 제목에서 'Holiday'에 대한 표기는 두 가지이다. "홀리데이"(Holiday, 2005)라는 표기가 있는데 반해 "할리데이"(Holiday, 2014)라는 표기도 있다. 'rock'은 '락'이 아니라 '록'으로 표기한다. 따라서 "모차르트 락 오페라"(Mozart Opera Rock, 2011)의 '락'은 '록'으로 표기해야 한다.

특히 [ɔ]를 최근에는 미국식 영어에 따라 'ㅏ'로 표기하는 경향이 있다. 'top'을 '탑'으로 표기하는 것이 그 예이다. 그래서 "탑 건"(Top Gun, 1986), "걸스 온 탑"(Girls on Top, 2001) 등으로 사용하지만 외래어 표기법에 맞지 않다. 다만 외래어 표기 용례에는 "공군 최우수 사격 조종사"라는 의미로 '탑건(Top Gun)'이 수록되어 있다. 그런데 '머리기사'와 같은 뜻인 'top 기사(記事)'는 '톱기사'로 표기한다. '스톱'도 '스탑'으로 표기하는 경우가 많지만 '스톱'으로 표기해야 한다. 영화 제목 중 "뮤직 네버 스탑"(The Music Never Stopped, 2011)도 외래어 표기법에 어긋난다.

두 번째는 영어의 'com', 'con'을 표기할 때 생기는 오류들이다. 위의 단어들은 각각 '콤팩트', '콘서트', '콘도르', '콘퍼런스', '콘피덴셜', '콘택트', '콘트랙트' 등으로 표기한다. 'com', 'con'이 [ə] 또는 [ʌ]로 소리 날 때에는 원칙적으로는 'ㅓ'로 적고, [ɑ] 또는 [ɔ]로 소리 날 때에는 'ㅗ'로 적지만 관용이 허용되는 표기가 많으므로 표기가 어렵다. 외래어 표기 용례에서는 'contract'를 '콘트랙트'로 표기한다. 1997년 "LA 컨피덴셜"이라는 영화가 개봉되었는데, 'confidential'의 영국식 발음에 따라 '콘피덴셜' 정도로 적는다.

'follower', 'following' 등의 표기는 국립국어원에서도 결정을 내리지 못하는 것 같다. 다음은 국립국어원의 두 단어에 대한 답변 내용이다.

---

21) '라커 룸'보다는 "(물품) 보관실, 탈의실, (선수) 대기실" 등 순화한 말을 쓰는 것이 좋다.

1. 팔로어

답변자 온라인 가나다, 답변일 2013. 4. 22.

문의하신 'follower'는 2010년에 '폴로어'로 말씀드렸으나, 2012년에 '따름벗 : 딸림벗'(←팔로잉: 팔로어)으로 순화되었습니다. 따라서 최근에 순화한 자료를 기준으로 쓰시면 됩니다. 덧붙여 아래와 같은 정보를 참고하시기 바랍니다.

국어원 소식(등록일 2012-03-06)

트위터에서 '팔로잉'은 내가 따르는 사람(자신이 소식을 받는 어떤 사람)을 이르는 말이고 '팔로어'는 나를 따르는 사람(자신의 소식을 받는 사람)을 이르는 말이다. 그런데 '팔로잉', '팔로어'는 초보자들이 그 용어를 접했을 때 발음도 비슷하고 의미도 직역할 때에는 어떤 일을 하는 것인지 헷갈릴 때가 많다. 그래서 국립국어원에서는 '팔로잉'을 내가 따르는 친구라는 뜻에서 '따름벗'으로 '팔로어'를 나를 따르는 친구, 즉 나에게 딸린 친구라는 뜻에서 '딸림벗'으로 다듬었다.

2. 폴로어

답변자 온라인 가나다, 답변일 2013. 8. 9., 2015. 2. 10., 2015. 5. 29. 등

운동 전문어인 '폴로(follow)', '폴로 스루(follow through)', 연극, 영화 전문어인 '폴로 신(follow scene)'을 보면, 'follow'는 '폴로'로 적게 됨을 알 수 있습니다.

운동 전문어인 '폴로(follow)', '폴로 스루(follow through)', 연극, 영화 전문어인 '폴로 신(follow scene)'을 보면, 'follow'는 '폴로'로 적게 됨을 알 수 있습니다. 그리고 외래어 표기 용례집에서 'follower'는 '폴로어'로 적도록 정하고 있습니다.

답변자 온라인 가나다, 답변일2016. 2. 27.

죄송하지만 문의하신 'follower'가 심의되어 있지 않아 명확한 표기를 안내해 드리기 어려운 점 양해하여 주시기 바랍니다. 다만, 이전에 심의된 용례들을 고려해 본다면 '폴로어' 정도가 좀 더 적절해 보입니다. 명쾌한 답변을 드리지 못해 죄송합니다.

한편 스웨덴 어에서 온 'ombudsman'은 일상생활에서는 '옴부즈맨' 또는 '옴부즈만'으로 표기된다. 이 말은 미국에서는 [ɑ́mbədzmən, -mæn]으로 발음되고, 영국에서는 [ɔ́mbudzmæn]으로 발음되는데, 외래어 표기 용례와 다듬은 말 목록에서는 '옴부즈맨'으로 표기한다.

▣ 단모음 [ʌ]의 표기

[ʌ]는 '어'로 표기한다. 그런데 'cut[kʌt]'의 경우 복수 표기를 허용한다. 'cut'

가 '(머리를) 자르다' 또는 탁구 등에서 공에 회전력을 준다는 의미로 쓰일 때에는 '커트'로 표기하지만 영화에서 '장면' 등을 의미할 때는 '컷'으로 표기한다. 이것을 '캇'으로 표기해서는 안 되지만 "파이날 캇(Final Cut, 2008)으로 소개된 영화가 있다.

기출 분석

[2010, 소방 16번 ④ '점퍼']
[2006, 서울 7급 4번 ⑤ '스펀지']
[2010, 서울 9급 5번 ① '컬러']
[2011 국가 7급 2번 ② '스펀지']
[2015, 국회 8급 1번 ② '버저']

'점퍼(jumper)'는 "품이 넉넉하고 활동성이 좋은 서양식 웃옷"을 가리키는 말로 '잠바'와 같은 말이다. 'color'는 '컬러'로 표기하지만 'collar'는 '칼라'로 표기한다. '칼라'는 양복이나 와이셔츠 따위의 목둘레에 길게 덧붙여진 부분인데, '옷깃'이라는 다듬은 말을 사용해야 한다. '그레이(gray) 칼라', '나폴레옹(Napoléon) 칼라', '더블(double) 칼라', '롤(roll) 칼라', '버튼다운(button-down) 칼라', '블루(blue) 칼라', '세미소프트(semisoft) 칼라', '소프트(soft) 칼라', '숄(shawl) 칼라', '스탠드(stand) 칼라', '오픈(open) 칼라', '이탤리언(Italian) 칼라', '이튼(Eton) 칼라', '차이니스(Chinese) 칼라', '컨버터블(convertible) 칼라', '케이프(cape) 칼라', '테일러(←tailored) 칼라', '플랫(flat) 칼라', '핀홀(pinhole) 칼라', '하이(▼high) 칼라', '화이트(white) 칼라' 등이 <표준국어대사전>에 등재되어 있다.

신호의 뜻을 나타내는 'buzzer[bʌzər]'는 '부저'가 아니라 '버저'로 표기해야 한다. 따라서 농구에서 종료 신호가 울리는 것과 동시에 올리는 득점을 뜻하는 말은 '버저 비터(buzzer beater)'로 표기한다. '종료 골', '종료 득점'은 이를 다듬은 말이다.

오용 사례

- **콤파스** compass[kΛmpəs], **프론트** front[frʌnt], **프론티어** frontier[frʌntiə(r)], **가버넌스** governance[gΛvərnəns], **럭키** lucky[lΛki], **몽키** monkey[mʌŋki], **스폰지** sponge[spʌndʒ], volunteer[vɑ̀ləntíər<미>]/[vɔ̀ləntíər<영>], **발칸포** vulcan[vΛlkən]

'compass', 'front', 'frontier', 'lucky', 'monkey', 'sponge', 'volunteer', 'vulcan 포(砲)'는 각각 '컴퍼스', '프런트', '프런티어', '러키', '멍키', '스펀지', '볼런티어', '벌컨포(砲)'로 표기한다. 'governance'는 '거버넌스'로 표기하므로 'govern', 'government' 역시 '거번', '거번먼트'로 표기한다.

"홈프론트"(Homefront, 2013), "프론트"(The Front, 2010)라는 영화가 개봉되었는데, '프런트'로 표기해야 한다. 'monkey'는 일상생활에서 '몽키'로 발음하고 표기하는 경우가 많다. 영화 제목에서도 "몽키 킹덤"(Monkey Kingdom, 2015), "펑키 몽키"(Funky Monkey, 2004)처럼 '몽키'로 적은 것이 있는가 하면 "스팽킹 더 멍키"(Spanking The Monkey, 1994)로 적은 것들이 있다.

"스폰지밥 3D"(The SpongeBob Movie: Sponge Out of Water, 2014)도 '스펀지'로 표기해야 한다. 'Bob'은 미국식 발음인 [bab]에 따라 표기하면 '바브'이고, 영국식 발음인 [bɔb]에 따라 표기하면 '보브'가 되는 것이 원칙에 맞다. 그런데 외래어 표기 용례를 찾아보면 사람 이름을 표기할 때는 '딜런 밥(Dylan, Bob)', '더블린 밥(Dudley, Bob)', '헌터 밥(Hunter, Bob)' 등으로 표기하고 있다. 이 표기는 어말의 유성 파열음 표기 방법의 예외이다. 또한 영국식 영어의 [ɔ]는 미국식 영어의 [ɑ]에 대응되는데, 이때는 일반적으로 영국식 영어에 따라 '오'로 표기한다는 원칙의 예외이기도 하다. '붉은스라소니'를 뜻하는 'bobcat'을 '보브캣'으로 표기하는 것과 비교된다.

'volunteer'는 외래어 표기법 용례 찾기나 다듬은 말 목록에서 '볼런티어'로 표기하고 있다. "섹스 볼란티어"(Sex Volunteer, 2009)라는 영화 제목이 있다.

한편 할리우드의 외국인 기자 협회가 그해 최우수 영화의 각 부문과 남녀 배우에게 주는 상은 '골든 글로브상(golden globe賞)'이고, 프로야구의 상은 '골든

글러브(golden glove)'이다. 이는 'globe[gloub]', 'glove[glʌv]'로 발음되기 때문이다. 일상생활에서 '다시방'으로 불리는 '조수석 서랍' 또는 '조수석 사물함'은 'glove box'라고도 하는데, '글러브 박스'로 표기한다.

▣ 단모음 [a]와 [ɑ]의 표기

단모음 [a]와 [ɑ]는 '아'로 표기하는 것이 원칙이다.

기출 분석

[2009, 국회 8급 21번 ② '난센스']
[2014, 국회 8급 21번 '넌센스 → 난센스']
[2013, 서울 9급 4번 ③ '헐리웃 영화' → '할리우드 영화', ④ '넌센스 → 난센스']
[2014, 지방 9급 2번 ④ '난센스']

그래서 'nonsense[nansens]'는 '넌센스'로 적지 않는다. 이에 비해 'nonstop', 'nonfiction'의 'non'은 [non]으로 발음되므로 '논스톱', '논픽션'으로 표기한다. 'Hollywood[hɑ́liwùd]' 역시 '할리웃', '헐리우드', '헐리웃'이 아니라 '할리우드'로 표기한다. 그런데 "헐리우드 엔딩"(Hollywood Ending, 2002)으로 표기된 영화 제목이 있는가 하면 "맨 인 블랙 2"(Men in Black II, 2002)의 팸플릿에는 '헐리웃'으로 표기되어 있고, "러시아워 2"(Rush Hour 2, 2001), "찰리의 진실"(The Truth About Charlie, 2002)의 팸플릿에는 '헐리우드'로 표기되어 있다. 그리고 "데스티네이션 2"(Final Destination 2, 2003)의 팸플릿에는 '할리웃'으로 표기되어 있다.

▣ 단모음 [e]와 [ɛ]의 표기

[e]와 [ɛ]는 모두 '에'로 표기한다.

기출 분석

[2013, 기상 2번 ② '레크리에이션']
[2016, 국가 9급 1번 ③ '프레젠테이션']

'recreation'도 [rèkriéiʃən]으로 발음되므로 '레크리에이션'으로 표기해야 하고, 'presentation'은 [prèzəntéiʃən]으로 발음되므로 '프리젠테이션'은 '프레젠테이션'으로 표기해야 한다.

오용 사례

○ 밸리 댄스 belly dance[béli]

'배꼽춤'이라고도 하는 춤의 종류는 '벨리 댄스'로 표기한다.

(2) 장모음과 중모음의 표기

제7항 장모음 장모음의 장음은 따로 표기하지 않는다.

장모음(長母音)은 기호 'ː'로 표시하는데, 외래어 표기법에서는 이를 반영하지 않는다. 그러므로 'team[tiːm]'은 '티임'이 아니라 '팀'으로 표기하고, 'route[ruːt]'는 '루우트'가 아니라 '루트'로 표기한다.

이 조항은 장모음 뒤의 무성 파열음은 '으'를 붙여 표기하는 조항과도 관련이 있다. 그러므로 'scoop[skuːp]', 'soup[suːp]'는 '스쿠우프', '수우프'가 아니라 '스쿠프', '수프'로 표기한다. 다만 'alcohol'은 [ǽlkəhɔ̀ːl]로 발음되기에 '앨콜' 또는 '알콜'로 표기해야 하는데, 관용에 따라 '알코올'로 표기한다. 일본어의 장모음도 역시 표기에 반영하지 않는다.

기출 분석

[2011, 지방 7급 2번 ② '터어키' → '터키']

오용 사례

ㅇ 비이커 beaker[bi:kə(r)], 그리이스 Greece[grí:s], 뉴요우크 New York[jɔ́:rk]

장모음은 표기에 반영하지 않으므로 '비커', '그리스', '뉴욕' 등으로 표기한다.

> 제8항 중모음([ai], [au], [ei], [ɔi], [ou], [auə])
> 중모음은 각 단모음의 음가를 살려서 적되, [ou]는 '오'로, [auə]는 '아워'로 적는다.

제8항에서 말하는 '중모음(重母音)'은 이중 모음(二重母音)이다. [ai], [au], [ei], [ɔi], [auə]는 각각 '아이', '아우', '에이', '오이', '아워'로 표기한다. 따라서 'time[taim]'은 '타임', 'house[haus]'는 '하우스', 'skate[skeit]'는 '스케이트', 'oil[ɔil]'은 '오일', 'tower[tauə]'는 '타워'로 표기한다.

독일어에서도 [auə]는 '아워'로 표기한다. 그래서 독일 축구 선수 'Franz Beckenbauer'는 '베켄바우어'가 아니라 '베켄바워'로 표기한다. 그러나 독일의 철하자 'Schopenhauer, Arthur'(1788~1860)는 '쇼펜하우어'로 표기한다. 그 이유는 독일 현대인의 인명에서 '-auer'는 '아워'로 적고, 오랜 전부터 '아우어'의 형태로 굳은 것은 관용으로 인정하기 때문이다. 한편 [ou]는 '오우'가 아니라 '오'로 표기하므로 'boat[bout]'는 '보우트'가 아니라 '보트'로 표기한다. 그런데 '셀룰로오스(cellulose[séljulòus])'는 관용으로 인정한다.

기출 분석

[2010, 서울 9급 5번 ② '윈도']
[2009, 국회 8급 21번 ⑤ '아이섀도']
[2012, 국회 8급 1번 ⑤ '스노보드']
[2014, 국회 8급 21번 '아이섀도']
[2006, 국가 9급 1번 ④ '가스렌지 → 가스레인지']
[2015, 기상 12번 ② '아이섀도']

'shadow[ʃǽdou]', 'window[wíndou]' 등은 '윈도우', '섀도우'로 표기하는 경우가 있지만 '윈도', '섀도'로 표기한다. 마찬가지로 'eye shadow'는 '아이섀도'로 표기한다. 2004년 개봉된 "시크릿 윈도우"(Secret Window)를 외래어 표기법에 맞게 표기하면 "시크릿 윈도"가 될 것이다. "잭 라이언: 코드네임 쉐도우"(Jack Ryan: Shadow Recruit, 2014), "섀도우 댄서"(Shadow Dancer, 2012) 등 'shadow'의 표기도 영화 제목에서 혼란스럽게 쓰이고 있다. 'tomorrow'는 [təmɔ́ːrou]로 발음되므로 '터모로' 정도로 표기해야 한다. 그런데 'tomorrow'가 들어가는 영화들은 "투모로우"(Tomorrow, 2004), "에이지 오브 투모로우"(Age of Tomorrow, 2014), "엣지 오브 투모로우"(Edge of Tomorrow, 2014)처럼 모두 '투모로우'로 표기하고 있다.

오용 사례

- 애로우 arrow[ǽrou], 로우션 lotion[lóuʃən], 오우바/오바 over[óuvər], 레인보우 rainbow[réinbòu], 슬로우 푸드 slow food[slou fuːd], 스노우 snow[snou], 소울 soul[soul], 튜울립 tulip[tjúːlip], 옐로우 yellow[jélou]
- 엔젤 angel[éindʒəl], 애프런 apron[éiprən], 캠브리지/캠브릿지/케임브릿지 Cambridge [kéimbridʒ], 챔버 chamber[ʧéimbər], 대니쉬 Danish[déiniʃ], 포테토 potato[pətéitou], 슬래트 slate[sleit], 스템플러 stapler[stéiplər]

중모음 표기 오류는 크게 두 가지 유형으로 나눌 수 있다. 첫째는 [ou]를 '오우'로 표기한 오류이다. 따라서 첫 번째 유형의 오류를 보이는 단어들은 각각 '애로', '로션', '오버', '레인보', '슬로푸드', '스노', '솔', '튤립', '옐로'로 표기한다. 특히 'soul', 'snow'를 '소울', '스노우'로 표기하는 경우가 많다. 영화 제목은 "소울 서바이버"(Soul Survivors, 2001)처럼 대부분이 '소울'로 표기하고 있다. "고고 70"(Go Go 70s, 2008)이라는 제목의 영화 팸플릿에서는 '쏘울'이라고 표기하기도 한다. "스노우 화이트 앤 더 헌츠맨"(Snow White and the Huntsman, 2012)과 같이 'snow'가 들어간 영화를 우리말로 옮길 때도 여전히 '스노우'로 표기하고 있다.

'화살'을 뜻하는 'arrow'는 "브로큰 애로우"(Broken Arrow, 1996)처럼 '애로우'로 표기하면 안 된다. 'hello', 'slow'도 '헬로', '슬로'로 표기해야 하지만 "헬로우 고스트"(Hello Ghost, 2010), "슬로우 비디오"(slow video, 2014)라는 영화 제목이 있다. 또한 'below'는 [bilóu]로 발음되므로 "에이트 빌로우"(Eight Below, 2006)와 같은 영화 제목도 '빌로'로 표기해야 한다. 'rainbow'도 "춤추는 대수사선 극장판 2- 레인보우 브릿지를 봉쇄하라"와 같이 '레인보우'로 많이 표기하지만 '레인보'로 표기해야 한다. 'yellow'도 '옐로'로 표기한다.

'over'는 '오버'로 표기한다. '오버'는 '외투'를 이르거나 무선 통신 따위에서 한쪽 대화의 끝을 알릴 때 하는 감탄사이다. 'over'가 결합한 말은 '오버타임(overtime)', '오버네트(over net)', '오버센스(▼over sense)', '오버스웨터(▼over sweater)', '오바이트(▼←overeat)'로 표기한다. '오버로크(overlock)'라는 말이 있지만 이 말은 '휘갑치기'로 표현해야 한다.

한편 복권의 일종인 'lotto'는 일상생활에서 '로또'처럼 된소리로 표기하고 있다. <표준국어대사전>에는 '로토(lotto[lɑ́tou<미>]/[lɔ́tou<영>])'가 등재되어 있다. '로토'는 실내 오락의 하나로 숫자가 적힌 카드 다섯 장을 깔아 놓고 주머니 안에서 숫자가 적힌 표를 꺼내어 숫자를 맞추는 놀이이다.

[ou]와 달리 [ei]는 단모음으로 표기하는 경향이 있다. 따라서 두 번째 유형의 오류를 보이는 단어들은 '에인절', '에이프런(어깨에 거는 서양식 앞치마나 턱받이로 '앞치마'로 순화)', '케임브리지', '체임버', '포테이토', '슬레이트', '스테이

플러' 등으로 표기해야 한다. '천사'라는 의미로 쓰는 'angel'은 '엔젤' 또는 '앤젤'로 많이 표기하는데, '에인절'이 맞는 표기이다. 미국 프로야구단 중의 하나인 'LA angels'를 'LA 에인절스'로 표기하는데, 영화 제목에서는 '엔젤' 등으로 표기한다. "엔젤 아이즈"(Angel Eyes, 2001)는 '에인절 아이스'로 표기해야 하고, .열대어의 한 종류는 '에인절피시(angelfish)'로 표기한다.

'chamber', 'gas range', 'slate', 'stapler' 등도 중모음으로 표기하지 않는 경향이 있다. 'chamber'가 결합한 'sonic chamber', 'space chamber' 등이 <표준국어대사전>에 각각 '소닉 체임버', '스페이스체임버'로 표기되어 있다. 따라서 "토처 챔버"(Torture Chamber, 2012)라는 영화는 '토처 체임버'로 표기해야 한다. '스테이플러'와 '호치키스(Hotchkiss)'는 동의어이다.

2016년에 개봉된 영화 중에 "대니쉬 걸"(The Danish Girl)이 있다. 'Danish'는 '덴마크의'라는 뜻을 나타내는데 발음을 고려할 때 '데이니시'로 표기해야 한다. 그런데 <표준국어대사전>에는 '레드데니시(red danish)'라는 단어가 등재되어 있다. 그리고 "외래어 표기 용례 자료-일반용어"(최종 수정일: 2016. 03. 04.)에서는 'danish bacon'을 '대니시 베이컨'으로 표기하고 있어, 'Danish'의 표기도 원칙과 관용이 섞여 있다.

(3) 반모음의 표기

반모음은 모음과 같이 발음하지만 음절을 이루지 못하는 소리이다. 반모음은 이중 모음인 'ㅑ', 'ㅕ', 'ㅛ', 'ㅠ', 'ㅒ', 'ㅖ', 'ㅘ', 'ㅙ', 'ㅝ', 'ㅞ', 'ㅢ' 따위에서 나는 [j], [w]를 말한다.

> 제9항 반모음 [w], [j]
> 1. [w]는 뒤따르는 모음에 따라 [wə], [wɔ], [wou]는 '워', [wɑ]는 '와', [wæ]는 '왜', [we]는 '웨', [wi]는 '위', [wu]는 '우'로 적는다.
> 2. 자음 뒤에 [w]가 올 때에는 두 음절로 갈라 적되, [gw], [hw], [kw]는 한 음절로 붙여 적는다.
> 3. 반모음 [j]는 뒤따르는 모음과 합쳐 '야', '얘', '여', '예', '요', '유', '이'로 적는다. 다만, [d], [l], [n] 다음에 [jə]가 올 때에는 각각 '디어', '리어', '니어'로 적는다.

위의 반모음 표기 규정을 원칙을 중심으로 정리하면 다음과 같다.

표 6 반모음의 표기

발음	한글 표기	용례
[wə]/[wɔ]/[wou]	워	word[wəːd] 워드, want[wɔnt] 원트, woe[wou] 워
[wɑ]	와	wander[wɑndə] 완더
[wæ]	왜	wag[wæg] 왜그
[we]	웨	west[west] 웨스트
[wi]	위	witch[witʃ] 위치
[wu]	우	wool[wul] 울
자음 뒤에 [w]	두 음절	swing[swiŋ] 스윙
[gw]	한 음절	penguin[peŋgwin] 펭귄
[hw]	한 음절	whistle[hwisl] 휘슬
[kw]	한 음절	quarter[kwɔːtə] 쿼터
[j]+[ɑ]	'야'	yard[jɑːd] 야드
[j]+[æ]	'얘'	yank[jæŋk] 얭크
[j]+[ə]	'여'	yearn[jəːn] 연
[j]+[e]	'예'	yellow[jelou] 옐로
[j]+[ɔ]	'요'	yawn[jɔːn] 욘
[j]+[u]	'유'	you[juː] 유
[j]+[i]	'이'	year[jiə] 이어
[d] + [jə]	'디어'	Indian[indjən] 인디언
[l] + [jə]	'리어'	battalion[bətæljən] 버탤리언
[n] + [jə]	'니어'	union[juːnjən] 유니언

이 중 [wə], [wɔ], [wou]는 우리말에서 구별되지 않으므로 '워'로 표기하고, [wu]는 대응하는 우리말이 없으므로 가장 비슷한 '우'로 표기한다. 그리고 어떤 말이 [wɑ] 또는 [wɔ]로 발음될 때에는 'ㅝ'로 적는 것이 원칙이다. 'watch'는 미국식 영어로는 [waʧ], 영국식 영어로는 [wɔʧ]로 발음되는데, '워치'로 표기한다. 따라서 '스톱워치'로 표기해야 한다. 또한 'watch condition'을 줄여서 표현한 말은 '워치콘'이다.

그런데 'waffle', 'watt'는 각각 미국식 영어로는 [wάfl], [wat]로 발음되고, 영국식 영어로는 [wɔ́fl], [wɔt]로 발음되지만 이때에는 미국식 영어에 따라 '와플', '와트'로 표기한다. 'wax[wæks]'는 '왝스' 정도로 표기해야 하지만 관용에 따라 '왁스'로 표기한다.

자음 뒤에 [w]가 오면 그 자음과 합쳐 이중 모음으로 적지 않는다. 그러므로 'twist[twist]'도 '튀스트'가 아닌 '트위스트'가 된다. 즉 앞의 자음에 'ㅡ'를 받혀 적고, 뒤따르는 모음에 따라 표기한다. 이에 비해 [g], [h], [k]와 결합할 때에는 뒤따르는 모음과 결합한 형태에 'ㄱ', 'ㅎ', 'ㅋ'을 첫 자음으로 표기한다.

기출 분석

[2006, 서울 7급 4번 ④ '타올 → 타월']
[2015, 서울 9급 4번 ④ '슈퍼마켓']
[2008, 지방 9급 1번 ② '슈퍼마켓', '휘슬']
[2012, 지방 9급(상반기) 3번 ② '슈퍼마켓']
[2014, 지방 9급 2번 ③ '타월']
[2015, 국회 9급 15번 ① '워', ② '왜그', ③ '욘']
[2016, 1차 경찰 10번 '옐로']

미국식 영어와 영국식 영어가 다를 때에는 기본적으로 미국식 영어를 따른다. 그래서 'super'는 영국식 발음인 [sjúːpər]에 따라 '슈퍼'로 표기하므로 '수퍼맨', '수퍼마켓'이 아니라 '슈퍼맨', '슈퍼마켓'으로 표기한다. 영화 "수퍼맨 리턴즈"(Superman Returns, 2006)는 '슈퍼맨'으로 표기하고, 영국의 국기인 'Union Jack'은 '유니언 잭'으로 표기한다. "유니온 스퀘어"(Union Square, 2011)라는 영화 제목도 외래어 표기법에 어긋난다. 특히 'yellow'는 '옐로우'로 적지 않도록 해야 한다. 뒤에서 다시 살펴보겠지만 'noir[nwaːr]'를 '느와르'가 아니 '누아르'로 적는 것은 프랑스 어에서 [w]는 뒤따르는 모음과 합쳐 이중 모음으로 표기하지 않고, 'ㅜ'로 적기 때문이다.

오용 사례

○ 앰불란스 ambulance[ǽmbjuləns], 캐년 canyon[kǽnjən], 콜로키엄 colloquium[kəlóukwiəm], 피규어 figure[fígjər<미>]/[fígə<영>], 포퓰리즘 populism[pɔ́pjulìzm], 레귤러 regular[régjulər], 스크류 screw[skruː], 스튜디어스 stewardess[stjúːərdis], 워셔 washer[wɑ́ʃər, wɔ́ːʃər]

'ambulance'는 '앰뷸런스'로 표기하는데, "앰브런스"(Ambulance, 1991)라는 제목의 영화가 있다. [kǽnjən]으로 발음하는 'canyon'은 [n] 뒤에 결합하는 [jə]는 '니어'로 적는다는 규정에 따라 '캐니언'으로 표기한다. 마찬가지로 'Grand Canyon'도 '그랜드 캐년'이 아닌 '그랜드 캐니언'으로 표기한다. '세미나' 혹은 '토론회'로 적을 수는 'colloquium'은 '컬로퀴엄'으로 표기한다. '민들레'를 뜻하는 'dandelion'은 [dǽndəlàiən]으로 소리 나므로 '댄덜라이언' 정도로 표기해야 할 것이다. 'figure'는 미국식 영어에서는 [fígjər], 영국식 영어에서는 [fígə]로 발음된다. 따라서 관절이 움직일 수 있도록 만들어, 다양한 동작을 표현할 수 있는 인간·동물 형상의 모형 장난감은 '피겨'로 표기한다. 'washer'는 [wɑ́ʃər], [wɔ́ːʃər]로 발음되지만 관용에 따라 '와셔'로 표기한다. 'populism'은 '포퓰리즘', 'regular'는 '레귤러', 'screw'는 '스크루', 'stewardess'는 '스튜어디스'로 표기한다.

'aqua[ǽkwə]'는 '물', '연한 녹청색', '액체' 등을 뜻하는 말인데, 이것이 결합한 말의 표기를 주의해야 한다. 현재 <표준국어대사전>에는 '아쿠아리움(aquarium)'과 '아콰마린(aquamarine, 짙은 푸른색을 띠는 녹주석)'이 표제어로 등재되어 있는데, 표기가 다르다. 2006년에는 "아쿠아마린"(Aquamarine)으로 표기된 영화가 개봉되기도 했다. 한편 2010년 개봉된 "센츄리온"(centurion, 2010)은 'centurion'의 발음이 [sentjúəriən]이므로 '센튜리언' 정도로 표기할 수 있다.

03. 복합어

제10항 복합어
1. 따로 설 수 있는 말의 합성으로 이루어진 복합어는 그것을 구성하고 있는 말이 단독으로 쓰일 때의 표기대로 적는다.
2. 원어에서 띄어 쓴 말은 띄어 쓴 대로 한글 표기를 하되, 붙여 쓸 수도 있다.

외래어 표기법에서 말하는 '복합어'는 현행 학교 문법 용어로는 '합성어'이다.

기출 분석

[2012, 서울 9급 14번 ⑤ '하일라이트 → 하이라이트']

'high light[hailait]'는 어중의 [l]이 모음 앞에 오므로 '하일라이트'로 적는 것이 맞는 것처럼 보인다. 그러나 외래어 표기법 제10항에 따라 '하이라이트'로 표기해야 한다. 즉, 'highlight'는 'high'와 'light'의 복합어이기에 단독으로 쓰일 때의 표기인 '하이'와 '라이트'를 그대로 이어 '하이라이트'로 적는다. 한편, "세를 내고 빌리는 자동차"는 'rent-a-car'에서 왔는데, '렌트카'가 아니라 '렌터카'로 적거나 순화된 '빌림 차', '임대 차'라는 말을 사용해야 한다.

오용 사례

○ 애드밸룬 ad balloon[æd bəlúːn], 햇트릭 hat trick[hæt trik], 홀스헤드 Horsehead[hɔ́ːrshèd], 페이첵 paycheck[peiʧek], 속웨이브 shock wave, 스케칫북 sketchbook [skeʧbuk], 타임 스퀘어 Times Square[taimz skwɛər], 언더독 underdog[ʌndər dɔːg]

광고하는 글이나 그림 따위를 매달아 공중에 띄우는 풍선을 뜻하는 말은 '애드벌룬'이다. 'hat'는 관용에 따라 '해트'로 표기하므로 'hat trick'도 '해트 트릭'

으로 표기한다.[22] 뉴욕의 첫 번째 번화가로 유명한 'Times Square'는 단독으로 쓰일 때의 표기에 따라 '타임스 스퀘어'로 표기한다. 'paycheck', 'shock wave', 'sketchbook'은 각각 '페이체크', '쇼크웨이브', '스케치북'으로 표기한다. '말머리성운'이라는 뜻을 나타내는 'horsehead'도 단독으로 쓰일 때의 표기에 따라 '호스헤드'로 표기해야 하는데 "홀스헤드"(Horsehead, 2014)라는 영화 제목이 있다.

야구 용어인 'hit and run'도 '힛 앤드 런', '히트 앤 런'이 아니라 '히트 앤드 런'으로 표기한다. 그러므로 "히트 앤 런"(Hit and Run, 2012)도 잘못된 표기이다. 'dog'는 '도그'로 표기해야 하므로 "언더독"(The Underdog, 2015)도 '언더도그'로 표기한다.(국립국어원, 2004년 신어 자료집) 'dog'의 복수형인 'dogs'도 '독스'가 아니라 '도그스'로 표기하므로 "언더독스"(Underdogs, 2013)도 잘못된 표기이다. 또한 제81회 아카데미상 감독상을 수상한 영화 "Slumdog Millionaire"는 "슬럼독 밀리어네어"가 아니라 '슬럼도그 밀리어네어'(Slumdog Millionaire)로 표기해야 한다.

한편 오페라를 팝처럼 부르거나 팝과 오페라를 넘나드는 음악 양식을 뜻하는 말인 'popera'를 합성어로 보는 것에는 이론의 여지가 있다. 하지만 외래어 표기 용례에는 '팝페라'로 표기되어 있다. 또한 '슛(shoot)'과 '센터링(centering)'이 결합한 말인 'shootering'은 2002년 신어 보고서에 '슛터링'으로 표기되어 있다.

04. 그 밖의 외래어 표기

'그 밖의 외래어 표기'에서는 프랑스 어나 독일어, 라틴어 등에서 온 외래어, 의미에 따라 표기가 다른 외래어, 복수 표기 외래어, 외래어와 사이시옷 표기, 외래어와 두음 법칙에 대해서 살펴볼 것이다.

22) 이에 비해 <표준국어대사전>에서 미국의 뮤지컬 배우인 '애스테어(Astair, Fred, 1899~1987)'를 설명하면서 "Top Hat"을 '톱 햇'으로 표기하고 있다.

(1) 프랑스 어, 독일어 등에서 온 외래어 표기

여기서는 일상생활에서 자주 틀리는 외래어 표기 중에서 위에서 다루지 못한 것을 언어에 따라 나누어 살펴보았다.

기출 분석

[2010, 서울 9급 5번 ⑤ '앙코르']
[2011, 서울 9급 3번 ⑤ '앙케트']
[2013, 서울 9급 4번 ③ '앵콜' → '앙코르']
[2008, 지방 9급 1번 ① '앙케이트 → 앙케트']
[2014, 지방 9급 2번 ③ '앙케트']
[2015, 국회 8급 1번 ① '링거', ⑤ '앙코르']

'encore[ɑ́:ŋkɔ:r]'는 '앵콜', '앙콜'이 아니라 '앙코르'로 표기하다. 'enquête'는 '앙케트'로 표기한다. 'Ringer'는 '링거'로 표기하는데, '링거액(液)'과 같은 뜻이다.

오용 사례

1. 독일어, 프랑스 어 등

- 알러지(알레르기○ allergie[ələ́:rdʒik]), 지놈 Genom, 기브스(깁스○ Gips)
- 방카슈랑스(방카쉬랑스○ Bancassurance), 상들리에(샹들리에○ chandelier), 앙상불(앙상블○ ensemble), 빵빠레/팡파레(팡파르○ fanfare), 콩쿨(콩쿠르○ concours[kɔŋkúər]), 무랑루즈(물랭루주○ Moulin Rouge), 노블레스 오블리제(노블레스 오블리주○ Noblesse oblige), 느와르 noir[nwa:r], 삐에로(피에로○ pierrot[píərou]), 르뽀(르포○ reportage[rèpɔ:rtɑ́:ʒ]), 사롱 salon
- 메리야스 <에>medias
- 미이라<포>mirra
- 피요르드(피오르○ <노>fjord)
- 카시오페아(카시오페이아○ <라>Cassiopeia)
- 인텔리겐차(인텔리겐치아○ <러>intelligentsia)
- 무슬림 moslem, 아마게돈(←Harmagedon)

2. 일본어, 중국어

○ 카렌다(karenda), 캘린더(calendar), 빵꾸(←panku), 빼갈(배갈○, <중>baigar[白干儿])

'게놈'은 최근에 영어식 발음인 '지놈'으로 표기해야 한다는 견해가 있다. 이에 대해 '정부언론외래어심의공동위원회'(2000. 05. 30.)에서는 'genom'이 오래전에 우리나라에 들어와 '게놈'으로 정착되었으므로 '게놈'으로 적기로 했다.

'Concours'는 '콩쿠르'로 표기해야 하는데 영화 제목 중에는 "화장실 콩쿨"(Toilet Concours, 2015)이 있다. '누아르'는 <표준국어대사전>에 "암흑가를 다룬 영화"를 뜻하는 '필름누아르(<프>film noir)'라는 표제어로 등재되어 있다. 2009년에 개봉된 "카페 느와르"(Café Noir Cafe Noir)를 비롯한 많은 영화 제목이나 포스터에는 '느와르'로 되어 있다. 'salon'은 '살롱'으로 표기하고, 천장에 매달아 드리우게 된, 여러 개의 가지가 달린 방사형 모양의 등(燈)은 '샹들리에'로 표기한다. 프랑스 파리에 있는 극장을 가리키는 말을 외래어 표기법에 따라 적으면 '물랭루주'이다. 2001년에 개봉된 영화 중에는 "물랑루즈"(Moulin Rouge)가 있다. '노블레스 오블리주'와 비슷한 뜻을 나타내는 'richesse oblige'가 있는데, 프랑스 어 표기법을 고려할 때 '리시에스 오블리주' 정도로 표기할 수 있다.

포르투갈 어에서 온 'mirra'는 영어로는 'mummy'이다. 이 말은 '미라'로 표기해야 하지만 "미이라: 피라미드의 비밀"(Prisoners of the Sun, 2013), "미이라 2"(The Mummy Returns, 2001), "미이라 3: 황제의 무덤"(The Mummy: Tomb of the Dragon Emperor, 2008) 등의 많은 영화 제목이 '미이라'로 표기되어 있다. '이슬람교도'를 뜻하는 'moslem'의 외래어 표기는 '무슬림'이 아니라 '모슬렘'이라고 한다.(온라인 가나다, 2011. 04. 05.) '카렌다', '캘린더'는 둘 다 표준어가 아니므로 '달력'으로 써야 한다. 다만 '광택기'라는 뜻으로는 쓸 수 있다. 영화 제목 중에도 "캘린더걸"(2016)이 있다.

'빵꾸'는 '펑크'로 표기해야 한다. 팔레스타인의 도시 '므깃도'의 언덕이라는 뜻으로 "선과 악의 세력이 싸울 최후의 전쟁터"를 뜻하는 말은 '아마게돈'이 아니라 '아마겟돈'으로 표기한다. 그런데 영화 제목 중에는 "에일리언 아마게돈"(Alien Armageddon, 2011), "아마게돈"(Armageddon, 1995)으로 표기된 것들이 있다.

(2) 의미에 따라 표기가 다른 외래어

외래어 가운데는 의미에 따라 표기 형태가 다른 것들이 있는데, 일종의 복수 외래어 표기라고 볼 수 있다. 이를 정리하면 다음과 같다.

표 7 의미에 따라 표기가 다른 외래어

<table>
<tr><th>원어</th><th>한글 표기</th><th>의미</th></tr>
<tr><td rowspan="2">box</td><td>박스</td><td>• 상자</td></tr>
<tr><td>복스</td><td>• 권투 경기에서, 경기를 계속 진행하라는 주심의 구령</td></tr>
<tr><td rowspan="2">cut</td><td>컷</td><td>• 한 번의 연속 촬영으로 찍은 장면
• 대본이나 촬영한 필름에서 불필요한 부분을 삭제하는 일
• 인쇄물에 넣는 삽화(挿畫)</td></tr>
<tr><td>커트</td><td>• 전체에서 일부를 잘라 내는 일
• 진행되던 일을 중간에서 차단하는 일
• 미용을 목적으로 머리를 자르는 일 또는 그 머리 모양
• 야구에서, 투수가 던진 공을 타자가 배트를 살짝 대어 파울 볼로 처리하는 일</td></tr>
<tr><td rowspan="2">mustang</td><td>머스탱</td><td>• 미국의 도시</td></tr>
<tr><td>무스탕</td><td>• 미국의 대평원에 사는 야생의 작은 말</td></tr>
<tr><td rowspan="2">shot</td><td>샷</td><td>• 골프 따위에서, 공을 한 번 치는 일</td></tr>
<tr><td>숏</td><td>• 한 번의 연속 촬영으로 찍은 장면</td></tr>
<tr><td rowspan="2">shoot</td><td>슈트</td><td>• 야구에서, 변화구의 하나</td></tr>
<tr><td>슛</td><td>• 영화 따위의 촬영을 시작하는 일
• 골이나 바스켓 쪽을 향하여 공을 차거나 던지는 일</td></tr>
<tr><td rowspan="2">type</td><td>타이프</td><td>• 타자기</td></tr>
<tr><td>타입</td><td>• 어떤 부류의 형식이나 형태</td></tr>
</table>

원어	한글 표기	의미
trot	트롯	• 승마에서, 말의 총총걸음 • 1910년대 초기에 미국에서 시작한 사교 춤곡≒폭스트롯
	트로트	• 우리나라 대중가요의 하나.
Titanic	타이태닉호	• 1911년에 건조한 영국의 호화 여객선
	타이타닉	• 제70회 아카데미상 수상자와 수상작
Trafalgar	트라팔가르	• 트라팔가르 해전, 트라팔가르 곶
	트래펄가	• 트래펄가 광장

따라서 '커트라인', '커트샷', '쇼트커트', '언커트', '임금(賃金)커트', '컷글라스', '컷백', '컷스텝', '컷아웃스위치', '컷오프', '컷워크', '컷인', '컷필름', '노컷', '어퍼컷', '언더컷', '인터컷' 등으로 표기한다. 'passing shot'은 '패싱샷', 'shot效果'는 '숏효과', 'snapshot'은 '스냅숏'으로 표기한다. 'type'이 결합한 복합어 중에서 현재 <표준국어대사전>에는 'stereo type'만 '스테레오 타입'으로 표기하고 나머지는 '타이프'로 표기한다.

1805년에 '넬슨'이 이끄는 영국 함대가 프랑스와 에스파냐의 연합 함대를 격파한 싸움을 이르는 말은 '트라팔가르(Trafalgar) 해전'이고 이 해전이 이루어진 장소는 '트라팔가르(Trafalgar) 곶'이다. 그리고 1841년에 '트라팔가르 해전'을 기념하여서 런던에 만든 광장은 '트래펄가 광장(Trafalgar 廣場)'이다.

한편 '크레파스(←<일>kurepasu)'와 '크레용(crayon)'은 둘 다 표준어이지만 지칭하는 대상이 다르다. '크레용'은 "서양화의 데생에 쓰이는 콩테나 파스텔 같은 막대기 모양의 화구"를 가리키는 말이고, '크레파스'는 "안료(顔料)를 연질유로 굳힌 막대기 모양의 칠감으로 크레용과 파스텔의 특색을 따서 만든 것"을 가리킨다. 보통 초등학생들이 미술 시간에 사용하는 것은 '크레파스'이다.

(3) 복수 외래어 표기

'제124차 외래어 심의회'(2015. 12. 02.)에서 '로브스터'와 함께 '랍스터'를 복수 표기로 인정하기로 했다. 복수 표기는 의미는 같은데 언어에 따라 발음이 다른 경우에 허용되는 경우가 많다. 즉 영어권에서 쓰는 이름과 현지에서 쓰는 이름이 다른 경우이다. 특히 화학과 같은 전문 용어는 복수 표기들이 많다. 여기서는 주로 일상생활과 관련된 복수 외래어 표기를 살펴보았다.

일상생활에서 '골덴 바지'라는 말을 쓰는데 '골덴'이 아니라 '코르덴(←corded velveteen)' 또는 '코듀로이(corduroy)'로 표기해야 한다.

'라벨'은 파일의 관리나 처리의 편의를 위하여 파일에 붙이는 특별한 항목 표시 기록을 이르기도 하는데, 이때는 '레이블'만 같은 뜻을 나타낸다. '레터르(<네>letter)'도 같은 뜻을 나타낸다.

'mentor[méntɔːr]'는 국립국어원의 다듬은 말 목록에서는 '멘토' 또는 '멘터'로 적을 수 있다고 한다. 다만 '인생길잡이', '담당 지도자' 등의 순화어를 쓰는 것이 바람직하다고 한다. 한편 '후원', '상담', '지도'를 뜻하는 'mentoring'은 '멘토링'으로 표기한다.

달리는 주자가 다음 주자에게 '배턴'을 넘겨주는 일을 뜻하는 '배턴 터치'는 <표준국어대사전>에 표제어로 올라 있다. 국립국어원 '온라인 가나다'(2016. 01. 04)에서는 만약 프랑스 어 '바통(bâton)'을 쓰려면 표현 전체를 프랑스 어 표현으로 쓰는 것이 좋다고 한다.

유럽의 지명이나 로마 신화 인물들을 영어로 적게 되면 복수 표기가 많이 나타난다. 예를 들어 로마 신화에 나오는 주신(酒神)의 이름 '바쿠스(Bacchus)'는 영어로는 '바커스'가 된다. 또한 이탈리아의 도시 '시실리(Sicily)'의 영어 이름은 '시칠리아(Sicilia)'이다.

표 8 복수 표기 외래어

한글 표기(원어)	의미
코르덴/코듀로이(corduroy)	우단과 비슷한 옷감
라미/래미(ramie)	모시풀
라벨/레이블(label)	종이나 천에 상표나 품명 따위를 인쇄하여 상품에 붙여 놓은 조각
레이다/레이더(radar)	

한글 표기(원어)	의미
멘토/멘터(mentor)	조언자 또는 후견인
무함마드(Muhammad<아>) 마호메트(Mahomet<영>)	이슬람교의 창시자
바통(bâton<프>)/배턴(baton<영>)	
부처/붓다(Buddha)	
빈(Wien<오>)/비엔나(Vienna<영>)	오스트리아의 수도
알고리듬(algorithm)/알고리즘(algorism)	입력된 자료를 토대로 하여 원하는 출력을 유도하여 내는 규칙의 집합
에스터/에스테르(ester)	산과 알코올이 작용하여 탈수 반응을 일으켜 생긴 화합물
이누이트(Inuit, Innuit)/에스키모(Eskimo)	
지르박(←jitterbug)/지터버그	사교춤의 하나
캡사이신/캅사이신(capsaicin)	
쿠란(qu ān<아>)/코란(Koran<영>)	이슬람교 경전

(4) 외래어 표기와 사이시옷

현행 맞춤법에 따르면 사이시옷은 원칙적으로 결합하는 두 어근 중 하나는 반드시 순우리말일 때에만 표기한다. 따라서 한자어와 한자어가 결합할 때는 예외적인 경우를 제외하고는 표기할 수 없고, 외래어가 어근일 때에는 사이시옷을 표기하지 않으므로 '피잣집', '핑큿빛' 등은 모두 틀린 표기이다. 그렇다고 '피자집', '핑크빛' 등으로 사용할 수도 없다. 이런 말들은 아직 사전에 등재되지 않았기에 '피자 집', '핑크 빛' 등으로 표기하는 것이 원칙에 맞는 표기이다.

(5) 외래어 표기와 두음 법칙

두음법칙이란 일부 소리가 단어의 첫머리에 발음되는 것을 꺼려 다른 소리로 발음되는 현상을 가리킨다. 즉 'ㅣ, ㅑ, ㅕ, ㅛ, ㅠ' 앞에서의 'ㄹ'과 'ㄴ'이 'ㅇ'이 되거나 'ㅏ, ㅓ, ㅗ, ㅜ, ㅡ, ㅐ, ㅔ, ㅚ' 앞의 'ㄹ'이 'ㄴ'으로 변하는 현상이다.

그런데 외래어는 두음 법칙의 적용을 받지 않는다. 다만 외래어 뒤에 결합하는 몇몇 단어들의 두음 법칙이 문제이다. <표준국어대사전>에 따르면 '난', '양'은 각각 고유어와 외래어 명사 뒤에 붙어 '구분된 지면', '분량이나 수량'의 뜻을 나타내는 말이고 '란', '난'은 한자어 명사 뒤에 붙어 '구분된 지면', '분량이나 수량'의 뜻을 나타내는 말이다. 한글 맞춤법 제5절 제11항과 제12항에 따르면 한자어 뒤에 결합하는 '란(欄)', '량(量)'은 독립적으로 사용되기도 하므로 '난', '양'으로 표기할 수도 있다.

그런데 '란(欄)', '량(量)'이 한자어 뒤에 결합할 때에는 하나의 단어로 인식되지 않기 때문에 본음대로 표기한다. 즉, '비고란', '학습량' 등으로 표기한다. 다만 앞에 오는 말이 외래어나 순 우리말인 경우에는 두음 법칙을 적용하여 '난', '양'으로 표기한다. 그래서 '스포츠(sports)난', '가십(gossip)난', '알칼리(alkali)양' 등으로 표기한다.

이에 비해 다음과 같은 한자어들은 접미사로 처리되므로 어종에 관계없이 두음 법칙을 적용하지 않는다.

표 9 두음 법칙이 적용되지 않는 접미사

접미사	뜻	용례
-력(曆)	'달력'	이슬람력
-령(領)	'그 나라의 영토'	프랑스령
-록(綠)	'초록색'	메틸록
-론(論)	'이론' 또는 '주장'	반뒤링론
-료(料)	'요금' 또는 '재료'	모델료
-류(類)	'부류'	볼복스류

(6) 문학·예술 작품과 관련된 외래어 표기

외국의 문학 작품이나 서적 등을 번역할 때 고유 명사는 어쩔 수 없이 외래어 표기법에 따라 옮겨야 한다. 그런데 이 경우 번역자마다 고유 명사 표기가 다를 수 있다. 이 절에서는 잘 알려진 문학 작품이나 서적 등의 외래어 표기를 살펴보자.

'Notre Dame'은 "우리들의 귀부인"이라는 뜻으로, '성모 마리아'를 이르는 말이다. 이 말은 가톨릭 성당의 이름으로 널리 쓰였다. 따라서 "노틀담의 꼽추"(The Hunchback of Notre Dame, 2001)라는 영화 제목은 '노트르담의 꼽추'로 표기해야 한다.

프랑스의 소설가 '뒤마'가 지은 장편 역사 소설 '삼총사(三銃士)'의 주인공 'D'Artagnan'은 '다르타냥'으로 표기한다. 나머지 등장인물은 '아토스', '포르토스', '아라미스'로 표기한다.

'세르반테스'의 소설 'Don Quixote'는 외래어 표기법에 따르면 '돈키호테'로 표기한다. "아스팔트 위의 동키호테"(Don Quixote On Asphalt, 1988)라는 영화 제목이 있다.

프랑스의 극작가 '몰리에르'가 지은 산문 희곡인 'Don Juan'은 '동 쥐앙'으로 표기한다. 그런데 이 작품의 주인공은 '돈 후안(Don Juan)'으로 표기한다. 1995년에는 "돈 쥬앙"(Don Juan DeMarco)이라는 제목의 영화가 개봉되었다.

소련 태생의 미국 소설가 '나보코프(Nabokov, Vladimir Vladimirovich)'의 소설인 'Lolita'는 '롤리타'로 표기해야 하지만 이 작품을 소재로 한 영화 제목 중에는 "로리타"(Lolita, 1997)가 있다.

1651년에 영국의 철학자 '홉스'가 쓴 책은 '리바이어던'(Leviathan)으로 표기한다. 영화 제목 중에도 "리바이어던"(Leviathan, 2014)이 있다.

영국 최고(最古)의 영웅 서사시인 'Beowulf'는 '베어울프'로 표기하는데, 2007년 "베오울프"라는 제목의 영화가 개봉되었다.

프랑스 작가 '플로베르'가 지은 장편 소설은 '보바리 부인(Bovary 夫人)'으로 표기한다. 한편 영국의 작가 '로런스(Lawrence)'[23]가 지은 장편 소설은 '채털리 부인의 사랑(Chatterley 夫人의 사랑)'이다. 그런데 "마담 보봐리"(Madame Bovary, 1991), "뉴 차탈레 부인의 사랑"(Love Of Lady Chattlerry, 1994)이라는

23) 국립국어원의 외래어 표기 용례 중 '채털리 부인의 사랑' 항목에는 '로렌스'로 표기되어 있다. 그런데 'Lawrence' 항목에는 '로렌스'를 틀린 표기라고 한다. <표준국어대사전>에는 '로런스'로 표기되어 있다.(마지막 검색일: 2016. 06. 06.)

제목의 영화가 있다.

소설 "젊은 베르테르의 슬픔"의 여주인공 'Charlotte'는 '샬로테'로 표기한다. <표준국어대사전>의 표제어 '베르테르'를 설명하면서 '샬로테'로 표기한다. 또한 외래어 표기 용례에서는 같은 이름의 스웨덴 운동선수를 '샬로테'로 표기하고 있다. 'Charlotte'라는 단어를 포함하고 있는 영화 제목 중에는 "샬롯의 거미줄"(Charlotte's Web, 2006)이 있다.

프랑스의 작곡가 '생상스(Saint-Saëns, Camille)'가 '르메르(Lemaire, F.)'의 대본에 따라 작곡한 오페라 'Samson-Delilah'는 '삼손과 델릴라'로 표기한다. 2009년 개봉된 "Samson and Delilah"라는 영화 제목은 "삼손과 데릴라"로 소개되어 있다.

프랑스의 극작가 '보마르셰'가 만든 희극 또는 '로시니'가 이 희극을 가극화한 오페라는 '세비야의 이발사'(Sevilla의 理髮師)로 표기한다.

"아라비안나이트"에 나오는 술탄(Sultan)의 왕비로 밤마다 재미있는 이야기를 남편에게 들려주어 목숨을 보전하였다고 하는 주인공은 '셰에라자드(Scheherazade)'이다. 같은 책에 나오는 바그다드의 상인인 'Sindbad(=Sinbad)'는 '신밧드'가 아니라 '신드바드'로 표기한다. 그런데 "신밧드: 7대양의 전설"(Sinbad: Legend of the Seven Seas, 2003)처럼 'Sindbad'를 소재로 한 대부분의 영화 제목이 '신밧드'로 표기되어 있다.

'호메로스(Homeros)'가 기원전 8세기 무렵에 지은 고대 그리스의 장편 서사시 'Odyssey'는 '오딧세이'가 아니라 '오디세이'이다. '오디세이'의 주인공인 '오디세우스'의 라틴 어 이름 또는 영국의 작가 '제임스 조이스'가 지은 장편 소설 'Ulysses'는 '율리시스'로 표기한다. 그런데 "율리시즈"(Ulysses, 1998)라는 제목의 영화가 있다.

그리스 신화에 나오는 테베의 왕 '라이오스'와 '이오카스테'의 아들은 '오이디푸스'(Oedipus)로 표기한다. "오이디프스"(Oedipus The Mayor, 1996)로 표기된 영화가 있다.

'톨스토이'의 장편 소설 '부활'의 남녀 주인공은 <표준국어대사전>의 표제어 '부활'에 대한 설명에 따르면 각각 '카추샤', '네플류도프'로 표기한다.

'Katyusha'는 외래어 표기 용례에도 '카추샤'로 표기하고 있다. 한편 주한 미군에 배속된 한국 군인은 '카투사(KATUSA)'로 표기한다.

폴란드의 작가 '시엔키에비치(Sienkiewicz, H.)'의 소설 제목이면서 라틴 어로 "주여, 어디로 가시나이까?"라는 뜻을 나타내는 'Quo Vadis(<라>Quo Vadis)'는 '쿼바디스'가 아니라 '쿠오바디스'로 표기한다. 2014년 개봉된 한국 영화의 제목도 "쿼바디스"로 표기하고 있다.

영국의 작가 '위다(Ouida)'의 아동 소설 'A Dog of Flanders'와 이를 소재로 한 영화는 '플랜더스의 개'로 표기한다. 여기서 'Flanders[flændərz]'는 '플랑드르'의 영어 이름이다. 이 작품에 대한 <표준국어대사전>의 설명은 이렇다.

> "벨기에의 쓸쓸한 마을 플랜더스에서 할아버지와 함께 사는 소년 '네로'와 그의 애견 '파트라셰'의 비극적 운명을 묘사하였다. 1872년에 발표되었다."

그런데 <표준국어대사전>의 뜻풀이와 국립국어원 '온라인 가나다'(2015. 11. 27.)의 답변 내용은 다르다.

> 플랜더스의 개에서 인명을 우리나라 말로 어떻게 표기하는지 궁금합니다.
>
> 파트라슈/파트라셰 (Patrasche), 넬로/네로 (Nello)
> 알로아/아로아 (Alois), 코제츠/코제 (Cogez)
>
> 질의하신 '벨기에 어'는 외래어 표기법과 세칙이 마련되어 있지 않지만, 벨기에의 주요 언어인 네덜란드 어로 표기를 상정하면 '파트라스허, 넬로, 알로이스, 코제'로 표기할 수 있을 듯합니다.

한편 홍세화의 "나는 빠리의 택시운전사"와 같이 '파리'를 '빠리'로 표기하는 책들도 많다. 위의 것들을 정리하면 아래와 같다.

표 10 문학·예술 작품과 외래어 표기

맞는 표기	틀린 표기
노트르담의 꼽추	노틀담의 꼽추
다르타냥	달타냥
돈키호테	동키호테
돈 후안	
동 쥐앙	돈 쥬앙
롤리타	로리타
리바이어던	리바이던
베어울프	베오울프
보바리 부인	보봐리 부인
샬로테	샤롯데
삼손과 델릴라	삼손과 데릴라
세비야의 이발사	세빌리야의 이발사
셰에라자드	셰헤라자드
신드바드	신밧드
오디세이	오딧세이
오이디푸스	오디푸스/외디푸스
율리시스	율리시즈
채털리 부인의 사랑	차탈레 부인의 사랑
카추샤	카투샤
쿠오바디스	쿼바디스
플랜더스의 개	플란더스의 개

(7) 음식과 관련된 외래어 표기

여기에서는 음식과 관련된 외래어를 살펴보자. 이 절에서 다룬 음식은 사람이 먹을 수 있도록 만든 밥이나 국, 음료, 음식의 재료, 조미료, 과자 등을 모두 포함한다. 다만 상표는 고유 명사로 인정될 수 있기 때문에 원칙적으로 다루지 않는다.

먼저 우리에게 익숙한 중화요리의 명칭부터 살펴보자. 중화요리의 명칭은 관용대로 적는 것이 있는가 하면 중국어 발음대로 표기하는 것이 있다. '기스면(←jisimian[鷄絲麵])', '깐쇼(干燒)새우', '깐풍기(←ganpengji[干烹鷄])', '라조기(←laziji[辣子鷄])', '마파두부(麻婆豆腐)', '송화단(松花蛋)', '오향장육(五香醬肉)', '울면', '탕채(湯菜)', '팔보반(八寶飯)', '팔보채(八寶菜)' 등은 관용 또는 우리나라 한자음으로 표기한 것이다. 이에 비해 '옌워(yanwo[燕窩])', '차사오(chashao[叉燒])' 등은 중국어 발음대로 표기한 것이다. 그리고 '울면'과 '운루면(←<중>wenlumian[溫滷麵])'은 같은 뜻이다.

○ 바베큐 barbecue[bɑ́ːrbikjùː], 브로컬리 broccoli[brɑ́kəli<미>]/[brɔ́kəli<영>], 카스타드 custard[kΛstərd], 후라이드치킨 fried chicken[fraid ʧíkən], 후루츠 fruits[fruːts], 레몬레이드 lemonade[lèmənéid], 머스타드 mustard[mΛstərd], 함박스테이크 hamburg steak, 오믈릿 omelet[ɑ́məlit<미>]/[ɔ́məlit<영>], 파티쉐(pâtissier), 페페로니 pepperoni[pèpəróuni], 샤베트 sherbet[ʃə́ːrbit], 또띠야 tortilla [<에>tɔːrtíːə], 웨하스 wafer[wéifər]
○ 카페 라떼 <이>caffè latte, 카라멜 마키아또 <영>+<이> caramel macchiato
○ 샤브샤브(しゃぶしゃぶ), 우동(udon[饂飩]), 타코야끼(たこやき)

돼지나 소 따위를 통째로 불에 구운 요리 'barbecue'는 '바비큐'로 표기한다. '브로콜리'는 '브라컬리' 또는 '브로컬리'로 표기하는 것이 외래어 표기법에 맞지만 관용을 존중한 결과이다. 우유나 달걀노른자에 설탕, 향미료 등을 섞어 굽거나 쪄서 크림처럼 만든 과자는 '커스터드'로 표기하고, 'fried chicken'은 '프라이드치킨'으로 표기한다. 'fruits'는 '프루츠'로 표기한다. 'lemonade[lèmənéid]'는 "따로 설 수 있는 말의 합성으로 이루어진 복합어는 그것을 구성하고 있는 말이 단독으로 쓰일 때의 표기대로 적는다."라는 규정에 따라 '레몬에이드'로 표기해야 하지만 관용에 따라 '레모네이드'로 적는다. 'mustard[mΛstərd]'는 '머스터드'로 표기한다. 쇠고기나 돼지고기를 잘게 다져 빵가루와 양파, 달걀 등을 넣고 동글납작하게 뭉쳐 구워 만든 서양 요리는 '햄버그스테이크'이다. 고기나 야채 따위를 잘게 썰어 볶은 것을 지진 계란으로 싼 요리인 'omelet'은 '오믈릿' 정도로 적어야 하지만 관용에 따라 '오믈렛'으로 표기하고, "밥을 고기나 야채 따위와 함께 볶고 그 위에 계란을 얇게 부쳐서 씌운 요리”를 이르는 말은 ‘오무라이스’가 아니라 ‘오므라이스(▼←omelet rice)’이다. 피자 토핑으로 잘 알려진 ‘pepperoni’는 ‘페퍼로니’로 표기해야 한다. 과즙에 물, 우유, 설탕 따위를 섞어 얼린 얼음과자를 흔히 ‘샤베트’로 표기하는데, ‘셔벗’이 사전에 등재되어 있다. 피자 메뉴 중의 하나인 ‘shrimp’는 흔히 ‘쉬림프’[16년 국가 9급]로 많이 표기하는데, 외래어 표기 용례나 <표준국어대사전>에서는 ‘슈림프’로 표기한다. 발효유의 하나인 ‘yogurt[jóugərt<미>]/[jɔ́gərt<영>]’는 ‘요구르트’로 표기해야 한다. 그런데 ‘야쿠르트’는 특정 제품명 혹은 상호로 인정한다.(국립국어원 온라인가나다, 2005. 12. 06.)

밀가루, 설탕, 달걀, 레몬즙 따위를 섞어 틀에 넣고 살짝 구운 다음, 크림이나 초콜릿을 두 쪽 사이에 끼워서 만든 과자는 ‘wafer[wéifər]’인데 흔히 ‘웨하스’로 표기하지만 ‘웨이퍼’로 표기해야 한다.

“옥수수가루나 밀가루를 반죽해 팬에 구워 만든 멕시코 빵”은 ‘또띠아/또띠야’가 아니라 ‘토르티야’로 표기하고, ‘caffè latte’는 ‘카페 라테’, ‘caramel macchiato’는 ‘캐러멜 마키아토’로 표기한다. ‘카페 라테’뿐만 아니라 ‘고구마’, ‘녹차’ 뒤에도 ‘라테’로 표기한다.

얇게 썬 고기를 끓는 물에 즉석에서 데쳐 먹는 요리는 ‘샤부샤부’이다. 일본에서 문어를 넣은 풀빵을 뜻하는 말은 ‘다코야키’, ‘타코야키’, ‘타꼬야끼’ 등으로 표기되는데, ‘다코야키’가 맞는 표기이다. ‘우동’은 ‘가락국수’로 다듬었다고 한다.

조리법을 일컫는 말인 ‘recipe’는 [résəpi]로 발음되므로 ‘레서피’로 적는 것이 원칙이 맞지만 2004년 신어에 ‘레시피’가 있다.(국립국어원, 온라인 가나다, 2007. 08. 17.) 또한 요리사를 뜻하는 ‘chef[ʃef]’는 ‘쉐프’가 아니라 ‘셰프’로 표기한다. 영화 제목 중에는 “쉐프”(Comme un chef The Chef, 2012), “남극의 쉐프”(南極料理人 The Chef of South Polar, 2009), “아메리칸 셰프”(chef, 2014) 등으로 혼란스럽게 쓰인다. 손님이 주문한 요리와 어울리는 와인을 손님에게 추천하는 일을 전문으로 하는 사람은 ‘소믈리에(<프>sommelier)’로 표기한다. 프랑스에서는 ‘boulanger’, ‘pâtissier’라는 직업이 있다고 한다. ‘boulanger’는 ‘불

랑제'로 표기하는데 빵만을 전문적으로 만드는 사람이고, 케이크나 파이 등 제과류나 초콜릿, 아이스크림 따위를 만드는 일을 하는 사람을 가리키는 'pâtissier'는 '파티시에'로 표기한다.

한편 "식품 위해요소 중점관리기준(Hazard Analysis and Critical Control Points)"의 두문자어인 'HACCP'은 '외래어 심의회 제104차 회의'(2012. 08. 29.)에서 관용에 따라 '해썹'으로 표기하기로 했다.

05. 인명, 지명 표기

외래어 표기법 제4장은 인명과 지명의 표기에 관한 것이다.

(1) 표기 원칙

제1항 외국의 인명, 지명의 표기는 제1장, 제2장, 제3장의 규정을 따르는 것을 원칙으로 한다.

제2항 제3장에 포함되어 있지 않은 언어권의 인명, 지명은 원지음을 따르는 것을 원칙으로 한다.

제3항 원지음이 아닌 제3국의 발음으로 통용되고 있는 것은 관용을 따른다.

제4항 고유 명사의 번역명이 통용되는 경우 관용을 따른다.

제2항에 따라 'Ankara'는 '앙카라', 'Gandhi'는 '간디'로 표기하고, 제3항에 따라 'Hague'는 '헤이그', 'Caesar'는 '시저'로 표기한다. 제4항에 따라 'Pacific Ocean'은 '태평양', 'Black Sea'는 '흑해'로 표기한다.

기출 분석

[2014, 국회 8급 21번 '싱가폴 → 싱가포르']
[2010, 지방 9급 2번 ③ '하얼빈']
[2012, 지방 7급 3번 ④ '마오저뚱 → 마오쩌둥']
[2014, 국가 7급 11번 ① '타슈켄트', ④ '호치민 → 호찌민']
[2015, 국회 8급 1번 ① '슬로바키아', '뉴턴', '도이칠란드 → 도이칠란트', ② '도스토옙스키']
[2016, 국가 9급 1번 ④ '뉴턴']

기출 분석에서 알 수 있듯이 인명이나 지명과 관련된 외래어 표기는 잘 출제되지 않았다. 여기서는 인명, 지명의 표기 방법을 몇 가지로 나누어 살펴보자.

첫째, 인명에 많이 포함된 'Mac-, Mc-'은 음운 환경에 따라 표기가 달라진다.

표 11 'Mac-, Mc-'의 표기

음운 환경	표기	용례
자음 앞	'맥'	맥도널드(MacDonald)
모음 앞	'매ㅋ'	매콜리(Macaulay)
'c, k, q' 앞	'매'	매킨리(McKinley)
'l' 앞	'매클'	매클레인(MacLane)

우리에게 잘 알려진 '맥아더(MacArthur)'는 [məkɑ́ːrθər]로 발음되기에 '머카서' 또는 '매카서'로 표기해야 하지만 관용에 따라 '맥아더'로 적는다.

둘째, 어말의 '-ton'은 [tn], [tən], [tɑn], [tʌn], [toun] 등 여러 가지 소리가 나므로 원음과 상관없이 '턴'으로 표기한다. 그러므로 'badminton[bǽdmintn]', 'Newton[njúːtn]' 등은 '배드민턴', '뉴턴'으로 표기한다. 다만 'acetone[ǽsətoun]', 'plankton[plǽŋktən]' 등은 관용에 따라 '아세톤', '플랑크톤' 등으로 표기한다. 또한 'button[bΛtən]', 'cotton[kɑ́tn/kɔ́tn]', 'Eton[íːtn]', 'phaeton[féiitən]' 등도 관용에 따라 '버튼', '코튼', '이튼', '페이튼' 등으로 표기한다.

셋째, 어말의 '-land'는 언어권에 따라 표기 방법이 다르다. 영어권에서는 '디즈니랜드(Disneyland)'처럼 '랜드'로 표기한다. 그런데 독일, 네덜란드 언어권에서 쓰는 'Rheinland', 'Deutschland'는 '라인란트', '도이칠란트'와 같이 '란트'로 표기하며, 그 외의 경우는 '아이슬란드(Iceland)'처럼 '란드'로 표기한다.

넷째, 독일어의 '-berg'는 '베르크'로 표기하고, '-burg'는 '부르크'로 표기한다. 따라서 '구텐베르크(Gutenberg)', '함부르크(Hamburg)' 등으로 표기한다. 한편, 독일어 모음 앞 'ng'는 'ㄱ'을 첨가해서 표기하므로 'Spengler'는 '슈펭글러'로 표기한다.

외국인의 인명이나 외국 지명 표기는 '정부언론외래어 공동심의위원회'의 결정이나 외래어 표기 용례를 보고 표기해야 한다. 그래서 러시아 음악가의 이름은 '차이콥스키(Tchaikovsky, Pyotr Ilich)'이고, 프랑스 소설가의 이름은 '생텍쥐페리(Saint-Exupéry, Antoine Marie-Roger de)'이다. 이탈리아 인인 'Leonardo da Vinci'는 '레오나르도 다빈치'로 표기하고 미국 영화배우는 '리어나도 디캐프리오(DiCaprio, Leonardo)'로 표기한다. 프랑스의 소설가 · 철학자(1905~1980)는 '사르트르(Sartre, Jean Paul)'로 표기하고, 프랑스 'Chartres'에 있는 성당은 '샤르트르 성당'이다.

(2) 동양의 인명, 지명 표기

> 제1항 중국 인명은 과거인과 현대인을 구분하여 과거인은 종전의 한자음대로 표기하고, 현대인은 원칙적으로 중국어 표기법에 따라 표기하되, 필요한 경우 한자를 병기한다.
>
> 제2항 중국의 역사 지명으로서 현재 쓰이지 않는 것은 우리 한자음대로 하고, 현재 지명과 동일한 것은 중국어 표기법에 따라 표기하되, 필요한 경우 한자를 병기한다.
>
> 제3항 일본의 인명과 지명은 과거와 현대의 구분 없이 일본어 표기법에 따라 표기하는 것을 원칙으로 하되, 필요한 경우 한자를 병기한다.
>
> 제4항 중국 및 일본의 지명 가운데 한국 한자음으로 읽는 관용이 있는 것은 이를 허용한다.

'(2) 동양의 인명, 지명 표기' 중에서 제1항, 제2항은 중국과 관련된 것이고, 제3항은 일본과 관련된 것이다. 중국 인명에 대한 과거와 현대의 구분은 '신해혁명'(1911)을 기준으로 한다. 그래서 '신해혁명' 이전의 사람인 '司馬遷'(B.C.145?~B.C.86?)은 '사마천'으로 적고, 이후의 사람인 '蔣介石'(1887~1975)은 '장제스'로 적는다. "다만, 현대인이라 하더라도 우리 한자음으로 읽는 관행이 있는" 인명에 대해서는 관용에 따라 표기할 수 있으므로 '장개석'으로도 표기할 수 있다.(국어어문규정집: 2003, 376)

제2항은 중국의 역사적 지명에 관한 표기를 규정한 것이다. 예를 들어 '長安'은 중국에서 오늘날 쓰이지 않는 지명이기에 '장안'으로 표기하고, '南京'은 오늘날에도 쓰이고 있으므로 '난징'으로 표기한다.

제3항은 일본의 인명과 지명의 표기를 규정한 조항이다. 중국의 지명 표기와 달리 일본의 역사적 지명은 원지음에 따라 표기하고, 인명 역시 중국과 달리 과거 인명과 현대 인명을 구분하지 않는다. 그래서 '풍신수길(豐臣秀吉)'이라 적지 않고, '도요토미 히데요시'로 적는다.

제4항은 원지음에 따라 외래어를 적는다는 외래어 표기법의 기본 원칙과, 같은 한자 문화권인 중국과 일본의 인명, 지명을 우리의 한자음으로 읽는 관행을 절충시킨 조항이다. 이에 따라 '베이징/북경(北京)', '상하이/상해(上海)', '타이완/대만(臺灣)', '황허/황하(黃河)', '교토/경도(京都)', '도쿄/동경(東京)' 등으로 표기할 수 있다. 그런데 중국이나 일본 지명이라도 우리의 한자음으로 읽는 관용이 없는 '哈爾濱', '鹿兒島'와 같은 것은 원지음대로 '하얼빈', '가고시마'로 표기한다.

표 12 중국과 일본의 인명, 지명 표기 방법

국가	구분	표기 방법	
중국	인명	과거(신해혁명 이전)	한국 한자음
		현대(신해혁명 이후)	원지음에 따라 표기, 한자 병기
	지명	역사적 지명	한국 한자음
		현재 쓰이는 지명	원지음에 따라 표기, 한자 병기

국가	구분	표기 방법
일본	인명	과거, 현재 구분 없이 원지음 표기
	지명	과거, 현재 구분 없이 원지음 표기
중국, 일본	지명	한국 한자음 관용 인정

이렇게 중국과 일본의 인명, 지명을 표기하는 데에 차이를 두는 이유를 "문법" 교사용 지도서(2010:311)에서는 역사상 중국의 인명, 지명은 우리 생활 속에 융화되어 우리 한자음으로 읽는 전통이 있지만 일본은 그런 예가 매우 적기 때문이라고 한다.

(3) 바다, 섬, 강, 산 등의 표기

> 제1항 '해', '섬', '강', '산' 등이 외래어에 붙을 때에는 띄어 쓰고, 우리말에 붙을 때에는 붙여 쓴다.

제1항에 따라 '카리브 해', '아라비아 해', '북해', '지중해', '발리 섬', '목요섬' 등으로 표기한다. 이 외에도 '-어(語)', '-인(人)'[24], '-족(族)' 등의 접미사는 외래어에 붙을 때에는 띄어 쓰고, 우리말이나 한자어에 붙을 때에는 붙여 쓴다. '-족'은 '민족'의 뜻을 더하거나 '그런 특성을 가지는 사람 무리' 또는 '그 무리에 속하는 사람'의 뜻을 더하는 접미사이다. 그러므로 '게르만 족, 로망 족, 셈 족' 등과 같이 외래어 뒤에 붙어 '민족'의 뜻을 더할 때에만 띄어 쓸 수 있다. 그런데 '미시족(missy)', '비트족(beat)', '스킨헤드족(skinhead)', '아베크족(<프>avec)', '펑크족(punk)', '히피족(hippie)'처럼 '사람 무리' 또는 '그 무리에 속하는 사람'의 뜻을 더할 때에는 붙여 쓴다. 한편 고대 인디언 부족인 'Aztec 족'은 '아스텍 족'이 아니라 '아즈텍 족'으로 표기한다. 그리고 그들이 세운 문명과 왕국은 '아스테카 문명(Azteca 文明)', '아스테카 왕국(Azteca 王國)'으로 표기한다.

이 외에도 지명이나 그에 준하는 고유 명사에 해당하는 '가(街), 갑(岬), 곶

24) 다만, '-인(人)'이 화석 인류 뒤에 결합할 때에는 '크로마뇽인'처럼 붙여 쓴다.

(串), 관(關), 궁(宮), 도(道), 만(灣), 봉(峰), 부(府), 부(部), 사(寺), 성(城), 성(省), 시(市), 역(驛), 요(窯), 주(州), 주(洲), 항(港), 현(縣), 호(湖)'가 외래어에 붙을 경우에는 띄어 쓰고, 한자어나 고유어에 붙을 경우에는 붙여 쓴다. 단, 외래어라도 한국 한자음으로 읽을 경우에는 붙여 쓰고, 뒤에 연속으로 다른 말이 나올 경우에는 띄어 쓴다.(표준국어대사전 편찬 지침:2000, 188) 그런데 <표준국어대사전>에서는 '월가(Wall街)'가 표제어로 등재되어 있고, 국립국어원 '온라인 가나다'(2001. 11.07.)에서는 접미사이므로 붙여 쓰는 것으로 설명하고 있다.

ㄱ. 아칸소 주, 카리브 해, 발리 섬, 아라비아 만
ㄴ. 헤이룽장 성
ㄷ. 이탈리아 인/이태리인
ㄹ. 러시아 어/노서아어

<표준국어대사전>에서 기호 '^'는 띄어 쓰는 것이 원칙이나 붙여 쓸 수 있는 전문 용어나 고유 명사를 표시하고, '←'는 원래의 형태에서 변한 외래어를 표시한다. 그런데 '바리새교도'는 '바리새-인(←Pharisee人)'로 분석하고 '유대 인(유태인)'은 '유대^인(←Judea人)'으로 분석하면서 띄어쓰기를 달리하고 있다.

하지만 나머지 접미사들은 붙여 쓴다. <표준국어대사전>에 제시된 용례를 정리하면 아래 표와 같다. 그리고 제시되어 있지는 않지만 '잡지'의 뜻을 더하는 접미사인 '-지(誌)'의 경우 역시 '뉴스위크지'로 붙여 써야 할 것이다. 한편 <표준국어대사전>에서는 '색(色)'을 명사로 처리하면서 일부 명사 뒤에 붙어 '색깔'의 뜻을 나타내는 말로 풀이하는데, 그 용례 중 하나로 '바이올렛색'을 들고 있고, '올리브색'은 표제어로 등재되어 있다.

표 13 외래어 뒤에 결합하는 접미사

접미사	뜻	용례
-가(家)	'가문'	케네디가
-광(鑛)	'광석', '광산'	우라늄광
-군(群)	'무리'	아파트군
-들이	'그만큼 담을 수 있는 용량'	1리터들이
-산(産)	'산출된 물건'	멕시코산
-상(上)	'그것과 관계된 입장', '그것에 따름' '구체적인 또는 추상적인 공간에서의 한 위치'	인터넷상, 온라인상
-전(戰)	'전투', '전쟁', '시합', '경기'	베트남전
-조(朝)	'통치 기간', '왕조'	로마노프조
-종(種)	'품종', '갈래'	뉴햄프셔종
-좌(座)	'별자리'	카시오페이아좌
-판(版/判)	'책이나 상품에 쓰이는 종이의 일정한 길이와 규격'	타블로이드판
-형(形)	'그런 모양'	피라미드형
-호(號)	'그 이름을 가진 것'	카페리호
-화(靴)	'신발'	러닝화, 조깅화

기출 분석

[2013(국회 8급), 16번 ⑤ '알프스산 → 알프스 산']
[2009(법원), 5번 ② '알프스 산']

제2항 바다는 '해(海)'로 통일한다.

이에 따라 '홍해', '지중해', '발트 해', '아라비아 해' 등으로 표기한다.

제3항 우리나라를 제외하고 섬은 모두 '섬'으로 통일한다.

제3항에 따라 '건지 섬', '타이완 섬', '코르시카 섬' 등으로 표기한다.

> 제4항 한자 사용 지역(일본, 중국)의 지명이 하나의 한자로 되어 있을 경우, '강', '산', '호', '섬' 등은 겹쳐 적는다.

제4항에 따라 '온타케 산(御岳)', '주장 강(珠江)', '도시마 섬(利島)', '하야카와 강(早川)', '위산 산(玉山)' 등으로 표기한다. 이는 '岳', '江', '島', '川' 등이 이미 '강', '산', '호', '섬' 등의 뜻을 포함하고 있지만 의미를 더 분명히 하기 위한 조치이다.

> 제5항 지명이 산맥, 산, 강 등의 뜻이 들어 있는 것은 '산맥', '산', '강' 등을 겹쳐 적는다.

제5항에 따라 'Rio Grande 리오그란데 강', 'Monte Rosa 몬테로사 산', 'Mont Blanc 몽블랑 산', 'Sierra Madre 시에라마드레 산맥' 등으로 표기한다. 위의 단어들 역시 '강', '산', '산맥'의 의미를 이미 포함하고 있지만 의미를 더 분명히 하기 위한 조치이다.

다음은 일상생활에서 틀리기 쉬운 외래어 고유명사를 정리한 것이다.

표 14 틀리기 쉬운 고유 명사 표기(신화적 인물 또는 인명은 진하게 표시)

맞는 표기	틀린 표기
게티즈버그 Gettysburg	게티스버그
댈러스 Dallas	달라스
듀폰 Du Pont	**뒤폰**
드보르자크 Dvořák	**드보르작**
람사르 조약 Ramsar Convention	람사 조약
로스앤젤레스 Los Angeles	로스앤젤러스
르누아르 Lenoir	르느아르
리우데자네이루 Rio de Janeiro	리오데자네이로

맞는 표기	틀린 표기
링컨 에이브러햄 Lincoln, Abraham	**링컨, 아브람함**
마다가스카르 Madagascar	마다가스카
말레이시아 Malaysia	말레시아
몽마르트르 Montmartre	몽마르트
무솔리니 Mussolini, Benito Amilcare Andrea	**뭇솔리니, 무쏠리니**
미다스 Midas	**마이더스, 마이다스**
바스쿠 다가마 Vasco da Gama	**바스코 다가마**
바흐 Bach	**바하**
버킹엄 Buckingham	버킹검
벨라루스 Belarus	벨라루시
보카치오 Boccaccio, Giovanni	복카치오
브루클린 Brooklyn	브룩클린
생상스 Saint-Saëns	**생상**
세렌게티 Serengeti	세렝게티
세바스티안 Sebastian	세바스찬
셰르부르 Cherbourg	쉘부르
시시포스 Sisyphos	**시치포스**
신들러 Schindler	**쉰들러**
아시리아 Assyria	앗시리아
아웅 산 수 치 Aung San Suu Kyi	**아웅 산 수 지**
알베르트 아인슈타인 Albert Einstein	**아인쉬타인, 아인시타인**
에라스뮈스 Erasmus	**에라스무스**
에베레스트 산 Everest山	에레베스트 산
에스파냐 España	에스파니아
에티오피아 Ethiopia	이디오피아
오스만 튀르크 Osman Türk	오스만 투르크
오언 Owen	**오엔**
오이디푸스 Oedipus	**오디푸스/외디푸스**
워런 버핏 Warren Buffett	**워렌 버핏**
이카로스 Icaros	**이카루스**

맞는 표기	틀린 표기
인살라 InSalah	인샬라
자메이카 Jamaica	자마이카
차이콥스키 Tchaikovsky	**차이코프스키**
칭기즈칸 Chingiz Khan	**징기스칸**
캐나다 Canada	카나다
카이사르 Caesar, Julius('시저'도 인정)	**케사르**
컬럼비아 columbia	콜럼비아
콜럼버스 Columbus, Christopher	**컬럼버스**
콜롬비아 Colombia	컬럼비아
콩코드르 광장 Concorde	콩코르 광장
쿠알라룸푸르 Kuala Lumpur	콸라룸푸르
키르기스스탄 Kirgizstan	키르키스스탄
티베트 Tibet	티벳
파바로티 루치아노 Luciano Pavarotti	파파로티
포르투갈 Portugal 스페인도 인정	포르투칼
피그말리온 Pygmalion	**피그마리온**
호나우두 Ronaldo	**호나우도**
호나우지뉴 Ronaldinho	**호나우디뉴**
호놀룰루 Honolulu	호놀루루
히타이트 Hittite	힛타이트

영화 제목 중에는 지명과 관련된 외래어 표기 중 자주 틀리는 것은 'Hollywood [hάliwùd]', 'Las Vegas[laːs véigəs]', 'Manhattan[mænhǽtn]' 등이다. 제86회 아카데미 남우주연상을 받은 영화 "Dallas Buyers Club"(2013)은 "달라스 바이어스 클럽"으로 우리나라에 소개되었는데, '댈러스'로 표기해야 하고, "러브 인 맨하탄" (Maid in Manhattan, 2002)은 '맨해튼'으로 표기해야 한다. "마다가스카의 펭귄" (The Penguins of Madagascar, 2014)도 '마다가스카르'로 표기해야 한다. "티벳에서의 7년"(Seven Years in Tibet, 1997)이라는 영화 제목도 '티베트'로 표기해야 한다. 한편 영국 런던의 웨스트민스터에 있는 왕궁은 '버킹검'이 아니라

'버킹엄'이다. 'brooklyn'은 볼링 용어로 '빗맞히기', '넘겨치기'라고도 하며, "오른손잡이가 1번 핀과 그 오른쪽의 2번 핀 사이를 노리는 공"을 이르는 말이다. 또한 미국 뉴욕(New York) 시의 롱아일랜드 섬의 남쪽 끝에 있는 주택 항구 지구를 이르는 말인데, '브룩클린'이 아니라 '브루클린'으로 표기한다. 그런데 "브룩클린 브라더스"(The Brooklyn Brothers Beat the Best, 2011), "브룩클린으로 가는 마지막 비상구"(Last Exit To Brooklyn, 1989)와 같은 영화 제목이 있다.

지명 중에는 바뀐 것도 있다. '랑군'의 새 이름은 '양곤(Yangon)'이고, '레닌그라드'의 새 이름은 '상트페테르부르크(Sankt Peterburg)'이다. '미얀마(Myanmar)'의 전 이름은 '버마'이다. '몽고(蒙古)'와 '몽골(←Mongolia)'은 모두 쓸 수 있지만 그 의미가 다르다.

'몽골'의 뜻풀이

「1」 중국 본토의 북쪽, 만주의 서쪽, 시베리아의 남쪽, 신장 성(新疆省) 동쪽에 있는 지역. 북쪽은 러시아, 남쪽은 중국에 면해 있으며, 내몽골과 외몽골로 나눈다.

「2」 유라시아 대륙 중앙부, 몽골 고원의 북쪽에 있는 공화국. 13세기 칭기즈 칸의 통솔 아래 세력이 커지기 시작하여, 중국 대륙과 주위 여러 지역을 평정하여 원(元) 제국을 이루었으나, 그 후 세력이 약화되어 중국의 지배를 받아 오다가 1921년 소련의 원조로 혁명을 일으켜 독립하고 1924년 공화국이 되었다.

'몽고'의 뜻풀이

몽골 「2」

이런 사전의 뜻풀이를 볼 때, '몽고'의 의미가 좁다. 그리고 1991년 외래어 심의 당시 '몽골'을 대표어로 인정하고 두 말을 함께 쓰되 장차 '몽골'로 통일하겠다고 했다.

'베트남'의 음역어가 '월남(越南)'이기 때문에 '베트남'과 '월남'은 모두 쓸 수 있는 말이다. 인도네시아 '대순다' 열도의 동남부에 있는 섬을 가리키는 말은 말레이인도네시아 어 표기법에 따르면 '자와(Jawa) 섬'이 되고, 영어 표기법에 따르면 '자바(Java) 섬'으로 표기한다.

영화 "쉰들러 리스트"(Schindler's List, 1993)의 'Schindler'의 외래어 표기는 정해지지 않다. 다만 'Schickele', 'Schiffer', 'Schiller' 등을 '시켈레'(독일 작가), '시퍼'(독일 여배우), '실러'(독일 시인)로 표기하는 것으로 미루어 볼 때 'Schi'가 포함된 독일 인명은 '시'로 표기된다는 것을 추측할 수 있으므로 '신들러'로 표기하는 것이 맞을 것이다. 'Einstein'은 '아인슈타인'으로 표기해야 하지만 "아인쉬타인이 생각한 세계- 창비교양문고 013"(사또 후미다까 지음, 김부섭 옮김: 창작과비평사, 1989)와 같은 책 제목이 있다. 'Midas'는 '마이다스/마이더스'가 아니라 '미다스'로 표기해야 한다. 따라서 "마이더스 어드벤쳐"(The Adventurer: The Curse of the Midas Box, 2014)와 같은 영화 제목은 '미다스 어드벤처'로 표기하는 것이 외래어 표기법에 맞다. 'Sebastien'은 허리케인 이름일 때는 '세바스티안'으로 표기하지만 프랑스 인명의 경우 '르파프, 세바스티앵', '비에유당, 세바스티앵'처럼 표기한다. 2013년 프랑스에서 제작한 "Belle and Sebastien"은 '벨과 세바스찬'이 아니라 '벨과 세바스티앵'으로 표기해야 할 것이다.

'컬럼비아(Columbia)'는 미국 동남부에 있는 도시로 사우스캐롤라이나 주의 주도(州都)이고, '콜롬비아(Colombia)'는 남아메리카 대륙의 서북부에 있는 국가 이름이다. 탐험가는 '콜럼버스'이다. 'Chingiz Khan'을 다룬 많은 영화들이 "징기스칸:제국의 건설"(2012)처럼 표기되어 있다.

06. 외래어의 띄어쓰기

외래어의 띄어쓰기는 외래어 표기법 제3장 표기 세칙 제10항 2, 제4장 인명, 지명의 표기, 제3절 바다, 섬, 강, 산 등의 표기 세칙에 간략하게 나와 있다. 또한 <표준국어대사전>의 띄어쓰기 지침과 이를 바탕으로 한 교과서 편수 지침에서도 외래어 띄어쓰기에 대해서 알 수 있는데 이를 정리하면 다음과 같다.

〈표준국어대사전〉 띄어쓰기 지침

4. 외래어 인명의 경우 성과 이름은 띄어 쓰는 것을 원칙으로 한다. '−'이 있는 성이나 이름의 경우에는 '−' 없이 붙여 쓰기로 한다. 외래어 인명은 원어의 띄어쓰기를 따라 적고 지명은 불가피한 경우가 아니면 모두 붙여서 적음을 원칙으로 한다. (외래어 지명과 인명의 띄어쓰기는 외래어 표기 용례집을 따르는 것을 원칙으로 함) and로 연결된 말은 and를 빼고 표기하되 언제나 띄어 쓴다.
5. 서양 이름(인명, 지명)에서 접두어나 관사류가 붙는 말일 경우 아래의 처리를 따른다.
   1) 네덜란드 어 이름: 이름 앞의 접두사 de, den, op de, ter, ten, van, van't, van den, van der, ver는 그 이름과 붙여 쓴다.
   2) 영어 이름: 성씨가 접두사 D', De, Delà, Du, Le, O'는 그 뒤의 이름에 붙여 쓴다.
   3) 프랑스 어 이름
      가) 관사나 접두사(예: des, du, la, le, les)는 그 뒤의 이름에 붙여 쓴다.
      나) 전치사 d', de가 있는 경우도 그 뒤의 이름에 붙여 쓴다.
   4) 독일어 이름: 관사나 접두사(예: am, aus'm, vom, von, von der, zum, zur)는 그 뒤의 이름에 붙여 쓴다. 단, '폰운트추'(von und zu)는 그 뒤의 이름과 띄어 쓴다.
   5) 이탈리아 어 이름: 관사나 접두사(예: Del, Da, Di)는 그 뒤의 이름에 붙여 쓴다.
   6) 스페인 어와 포르투갈 어 이름: 위에 준하는 접두사 혹은 관형사가 성 앞에 나올 경우는 위와 같이 처리한다. 한편 y(이)와 e(에)는 앞뒤 요소를 모두 붙여 쓴 것을 하나의 이름으로 인정한다.
   7) 기타
      가) 성씨가 두 개 이상으로 이루어진 경우는 붙여 쓴다.
      나) '돈(Don)'이 붙은 인명은 그 의미상 붙여 쓰기 어려우므로 띄어 쓴다. 그러나 돈키호테'는 예외적으로 붙여 쓴다.
6. 고유어나 한자어의 인명에 '대왕(大王)', '명왕(明王)', '여왕(女王)', '거서간', '차차웅', '마립간' 등이 붙을 경우에는 띄어 쓰고(표제어에서는 '^' 표시), '왕(王)'이 붙을 경우에는 붙여 쓴다. 그러나 외래어 인명에 붙을 경우에는 '대왕(大王)', '명왕(明王)', '여왕(女王)', '왕(王)', '황제(皇帝', '대제(大帝)'를 모두 띄어 쓴다.(표제어에서는 '^' 표시)
7. '도(道), 북도(北道), 남도(南道), 시(市), 읍(邑), 면(面), 리(里), 군(郡), 구(區), 동(洞), 해(海), 도(島), 섬, 만(灣), 역(驛), 양(洋), 사(寺), 선(線), 항(港), 산(山), 특별시, 광역시'가 붙는 말(외래어는 제외)의 고유 명사는 붙여 쓴다. 그러나 '섬'의 경우에 분리성이 강할 경우에는 띄어 쓴다.

9 지명이나 그에 준하는 고유 명사에 해당하는 '가(街), 갑(岬), 강(江), 곶(串), 관(關), 궁(宮), 도(道), 만(灣), 봉(峰), 부(府), 부(部), 사(寺), 산(山), 섬, 성(城), 성(省), 시(市), 역(驛), 요(窯), 주(州), 주(洲), 항(港), 해(海), 현(縣), 호(湖)'가 외래어에 붙을 경우에는 띄어 쓰고, 한자어나 고유어에 붙을 경우에는 붙여 쓴다. 단, 외래어라도

한국 한자음으로 읽을 경우에는 붙여 쓴다. 뒤에 연속으로 다른 말이 나올 경우에는 띄어 쓴다.
10. 현재 우리나라 행정 구역인 '시, 구, 동, 군, 읍, 리, 면' 이름은 '공주시, 공주군'과 같이 합성어로 인정하여 모두 붙여 쓰도록 되어 있고, 외국의 행정 구역명은 한자음으로 읽지 않은 이상은 '뉴욕 시, 워싱턴 주'처럼 '시, 주' 등을 띄어 쓰도록 되어 있다. 그런데 이런 '시'와 같은 말 앞이 로마자로 대문자 이니셜이면 그 실재 여부도 알 수 없고 어느 나라에 있는지도 정확히 알 수 없으므로 합성어 여부도 판별할 수 없다. 따라서 한국 지명, 외국 지명 모두 띄어 쓰는 것으로 한다.
11. 위의 항목들은 외래어 표기법의 지명 표기에 해당하는 것인데, 이를 다른 경우에 확대하지 않는다.
12. 비행기, 선박, 로켓 등의 이름에 숫자가 붙고 '-호(號)'나 '-기(機)'가 붙는 경우, 때때로 '-호'나 '-기'가 생략될 때가 있다. 이때 그 숫자를 앞말에 붙여 쓰고 싶기도 하지만 그대로 띄어 써야 한다.

<표준국어대사전> 편찬 지침은 사전을 만들기 위한 지침이다. 이에 비해 '교과서 편수 지침'(교과서 편수 자료Ⅰ-편수 일반 편: 교육과학기술부, 2011)은 실제 언어생활의 하나인 교과서에서의 띄어쓰기를 다룬다는 점에서 의미가 있다.

교과서 편수 지침

① 외래어의 띄어쓰기는 원어의 띄어쓰기에 따라 결정된다. 그러나 <표준국어대사전>에서 합성어로 제시한 것은 국어 체계 내에서는 합성어로 판단한 것이므로 붙여 쓴다.
② 준말이나 음운론적 융합이 일어난 말은 붙여 쓴다.
③ 접사나, 접사처럼 쓰이는 1음절 한자어가 외래어와 함께 쓰일 경우에는 붙여 쓴다.
④ 원어에 없는 외래어는 붙여 씀을 원칙으로 한다.
⑤ 외래어 다음의 '인(人), 족(族), 어(語)'는 띄어 쓴다. 다만, 화석 인류 명칭에 붙는 '-인(人)'은 접사로 보아 붙여 쓴다.

그런데 <표준국어대사전> 편찬 지침보다는 간단하다. 두 지침에 나와 있지는 않지만 외래어의 띄어쓰기 중 어려운 것은 외래어에 접사 '-하다'나 '-되다'가 결합할 때이다. 이에 대한 국립국어원 '온라인 가나다'의 답변은 다음과 같다.

외래어 단어에 '하다'가 붙은 경우의 띄어쓰기는 두 가지 경우가 있습니다. 우선 외래어 명사 자체가 동작성을 가진 경우에는 'OO를 하다'의 구성으로 보아 띄어서 씁니다. '스타트(를) 하다'가 그 예입니다. 하지만 그렇지 않은 경우는 외래어 단어에 '-하다'라는 접사가 붙은 것으로 보아 외래어 단어와 '-하다'를 붙여서 씁니다. '쿨하다'가 그 예입니다. 따라서 문의하신 표현은 '프로그래밍 하다', '디버깅 하다'로 쓰는 것이 맞습니다. '애니메이트'의 경우는 사전에 등재되어 있지 않은 단어이기 때문에 '애니메이트'로 써야 할지 '애니메이팅'으로 써야 할지 판단하기 어렵습니다. 다만, 어떤 형태로 사용되든지 이것이 동작성을 가지고 있다면 띄어서 쓰는 것이 맞겠습니다.(2007. 11. 07.)

'-하다'는 일부 명사 뒤에 붙어 '동사를 만드는 접미사'로, '공부하다/생각하다/사랑하다/절하다/빨래하다'와 같이 씁니다. 앞에 외래어가 올 때에도 '게임하다/로그인하다/로그아웃하다/스크랩하다/드래그하다'와 같이 쓸 수 있습니다. 따라서 질의하신 부분은 '카톡하다/로그아웃하다'와 같이 쓸 수 있습니다. 다만, 신조어의 경우에는 그 쓰임이 오래되지 않은 경우, 어떻게 쓰는 것이 맞는지 판단하기 어렵습니다.(2015. 07. 29.)

2007년 답변에서는 동작성 유무에 따라 띄어쓰기가 결정된다고 했는데, 2015년 답변에서는 이런 표현이 없다. 실제 <표준국어대사전>에 등재된 '외래어+-하다' 형태의 단어는 다음과 같다. 이 중 진하게 표시된 부분은 '외래어+-되다'의 형태도 등재되어 있다.

'강슛(強shoot)', '고데(<일>kote[鏝])', '그로테스크(<프>grotesque →기괴하다)', '나이브(naive)', '너스(nurse)', '노크(knock)', '노트(note)', '**다운**(down)', '다운스윙(down-swing)', '다이내믹(dynamic)', '다이빙(diving)', '대시(dash)', '더빙(dubbing)', '덤핑(dumping)', '데모(demo)', '데뷔(<프>début)', '데이트(date)', '도킹(docking)', '드라이(dry)', '드라이브(drive)', '**드래프트**(draft)', '드레시(dressy)', '드롭킥(dropkick)', '드리블(dribble)', '디스카운트(discount)', '디자인(design)', '랙칠(lac漆)', '로맨틱(romantic)', '로비(lobby)', '롱런(long-run)', '루스(loose)', '리드(lead)', '리드미컬(rhythmical)', '리메이크(remake)', '**리바이벌**(revival)', '리버럴(liberal)', '리시브(receive)', '리얼(real)', '리프린트(reprint)', '마사지(massage)', '마스터(master)', '마스터베이션(masturbation)', '마크(mark)', '**매치**(match)', '메모(memo)', '메이크업(makeup)', '모니터링(monitoring)', '**바운드**(bound)', '바터(barter)', '반짝세일(sale)', '발레파킹

(<프>valet+<영>parking)’, ‘뱅킹(banking)’[25], ‘백스윙(backswing)’, ‘백업(back-up)’, ‘번트(bunt)’, ‘벤치마킹(bench-marking)’, ‘보이콧(boycott)’, ‘브리핑(briefing)’, ‘블로킹(blocking)’, ‘사보타주(<프>sabotage)’, ‘사인’(sign), ‘샤워(shower)’, ‘서브(serve)’, ‘서비스(service)’, ‘세일(sale)’, ‘세팅(setting)’, ‘섹스어필(sex appeal)’, ‘섹시(sexy)’, ‘센티멘털(sentimental)’, ‘센티하다(senti)’, ‘소개팅(紹介←meeting)’, ‘소팅(sorting)’, ‘쇼(show)’, ‘쇼킹’(shocking), ‘쇼핑(shopping)’, ‘슛(shoot)’, ‘슈팅(shooting)’, ‘스로인(throw-in)’, ‘스매시(smash)’, ‘스매싱(smashing)’, ‘스마트(smart)’, ‘**스카우트**(scout)’, ‘스케이팅(skating)’, ‘스케치(sketch)’, ‘스크랩(scrap)’, ‘스파이크(spike)’, ‘슬라이딩(sliding)’, ‘시니컬(cynical)’, ‘아이러니(irony)’, ‘아이로니컬(ironical)’, ‘아르바이트(<독>Arbeit)’, ‘아프간뜨기(afghan)’, ‘어필(appeal)’, ‘언밸런스(unbalance)’, ‘**업그레이드**(upgrade)’, ‘업데이트(update)’, ‘에로틱(erotic)’, ‘에스코트(escort)’, ‘오바이트(▼←overeat)’, ‘윙크(wink)’, ‘유머러스(humorous)’, ‘인터뷰(interview)’, ‘인터셉트(intercept)’, ‘인터피어(interfere)’, ‘점프(jump)’, ‘체인지오버(changeover)’, ‘**체크**(check)’, ‘카무플라주(<프>camouflage)’, ‘**카운트**(count)’, ‘카피(copy)’, ‘캐리백(carry-back)’, ‘**캐스팅**(casting)’, ‘캠핑(camping)’, ‘커닝(cunning)’, ‘커버(cover)’, ‘커트(cut)’, ‘컨트롤(control)’, ‘컬러풀(colorful)’, ‘컬(curl)’, ‘컴백(comeback)’, ‘케이오(KO)’, ‘코디(←coordination)’, ‘코딩(coding)’, ‘코믹(comic)’, ‘코치(coach)’, ‘코팅(coating)’, ‘**클로즈업**(close-up)’, ‘클리닝(cleaning)’, ‘클릭(click)’, ‘클린업(cleanup)’, ‘클린치(clinch)’, ‘키스(kiss)’, ‘킥(kick)’, ‘킥아웃(kickout)’, ‘킥오프(kickoff)’, ‘킬(kill)’, ‘타이트(tight)’, ‘타이핑(typing)’, ‘태클(tackle)’, ‘터치(touch)’, ‘턴(turn)’, ‘텀블링(tumbling)’, ‘텅잉(tonguing)’, ‘테스트(test)’, ‘토스(toss)’, ‘트라이(try)’, ‘트레이드(trade)’, ‘파마(←permanent)’, ‘패스(pass)’, ‘패싱샷(passing shot)’, ‘패킹(packing)’, ‘퍼팅(putting)/퍼트(putt)’, ‘펀칭(punching)’, ‘펌블(fumble)’, ‘페인트칠(paint漆)’, ‘**프린트**(print)’, ‘**플러스**(plus)’, ‘플레이스(place)’, ‘플레이스킥(placekick)’, ‘피아르(PR)’, ‘피칭(pitching)’, ‘피케팅(picketing)’, ‘**픽업**(pick up)’, ‘하이킹(hiking)’, ‘핸섬(handsome)’, ‘허스키(husky)’, ‘홈인(▼home in)’, ‘히스테릭(hysteric)’, ‘히치하이크(hitchhike)’, ‘히트(hit)’

이 중 ‘그로테스크하다’, ‘나이브하다’, ‘다이내믹하다’, ‘드레시하다’, ‘로맨틱하다’, ‘루스하다’, ‘리드미컬하다’, ‘리얼하다’, ‘섹시하다’, ‘센티멘털하다’, ‘센티하다’, ‘쇼킹하다’, ‘스마트하다’, ‘시니컬하다’, ‘언밸런스하다’, ‘에로틱하다’, ‘유머러스하다’, ‘컬러풀하다’, ‘히스테릭하다’ 등은 ‘-하다’ 앞에 결합한 말들이

25) 당구에서, 선공을 결정하기 위하여 공을 치다.

명사로 등재되지 않은 단어들이다.

또한 국립국어원의 순화어 검색에 나오는 '외래어+-하다' 형태는 다음과 같다. 이 중에서 '되다'가 결합된 형식은 '디스플레이되다(전시되다, 진열되다)', '커트되다(삭제되다, 잘리다)'가 있고, '싱글이다'도 순화어 목록에 올라와 있다.

> '내추럴하다(자연스럽다)', '네거티브하다(부정적이다)', '네고하다(협상하다)', '다이제스트하다(간추리다, 요약하다)', '델리커트하다(미묘하다, 까다롭다)', '드라마틱하다(극적이다)', '드레시하다(멋있다, 근사하다, 우아하다)', '디테일(미세하다, 섬세하다, 세밀하다)', '래디컬하다(과격하다, 극단적이다)', '럭셔리하다(고급스럽다, 호사스럽다)', '리믹스하다(재합성하다, 재혼합하다)', '리치하다(넉넉하다, 풍부하다)', '마일드(부드럽다, 순하다)', '멜랑콜리하다(우울하다)', '모던하다(현대적이다)', '모자이크하다(짜맞추기, 짜맞추다)', '믹스하다(섞다)', '샤프하다(날카롭다, 산뜻하다, 선명하다)', '서빙하다(봉사하다, 접대하다, 내다)', '센서티브하다(예민하다)', '센세이셔널하다(놀랍다, 충격적이다)', '센치하다(감상적이다)', '소프트하다(부드럽다)', '스펙터클하다(웅장하다, 웅대하다, 거대하다, 거창하다)', '스포티하다(날렵하다, 경쾌하다, 활동적이다)', '스피디하다(빠르다)', '시니컬(냉소적이다)', '심플하다(단순하다)', '아이로니컬(역설적이다, 모순적이다)', '아카데믹하다(학구적이다)', '엔조이(즐기다)', '오버래핑(겹치다)', '오픈하다(열다, 개장하다, 개업하다, 개관하다, 개막하다)', '와일드하다(거칠다)', '임팩트하다(충격적이다)', '커브하다(방향(을) 전환하다)', '클래시클하다(고전적이다)', '터프하다(거칠다)', '트레디셔널하다(전통적이다)', '파워풀하다(힘있다)', '패셔너블(멋지다, 감각적이다)', '판타스틱(환상적이다, 공상적이다)'

또한 '외래어+-화(化)+-하다(되다)' 형태로 등재된 말은 다음과 같은데, 대부분이 화학 용어이다.

> 메틸화하다(되다), 브로민(브롬)화하다(되다), 설(술)폰화하다, 아미노화하다(되다), 아세틸화하다, 아이오딘화하다(되다), 알칼리화하다(되다), 알킬화하다(되다), 에스터화하다, 요오드화하다(되다), 이온화하다(되다), 젤화하다, 코크스화하다(되다), 페로사이안(페로시안)화하다

이러한 정보를 보면 일상생활에서 많이 사용하는 다음과 같은 말들은 어떻게 해야 하는지 알 수 없다.

게임, 다운로드, 다이어트, 더치페이, 드라이클리닝, 드리볼, 드래그, 드레싱, 딜레이, 렌터, 렌털, 로그인, 로그아웃, 로딩, 론칭, 리모델링, 리스, 리필, 마이너스, 마케팅, 마킹, 모니터, 모델링, 미스, 미스터리, 미팅, 믹스/믹싱, 밴딩, 베팅, 비즈니스, 사우나, 샘플링, 서핑, 스무드, 스윙, 스캔, 스트레칭, 슬림, 시뮬레이션, 아웃소싱, 어시스트, 업로드, 오버, 워밍업, 채팅, 체인지, 체크아웃, 체크인, 콜, 태그, 테이핑, 트래킹, 트레이닝, 퍼펙트, 포맷, 포스팅, 프로그래밍, 프러포즈, 해킹

따라서 국립국어원의 답변이나 <표준국어대사전>, 순화어 목록 등을 토대로 띄어쓰기를 하는 수밖에 없을 듯하다.

제 2 부

국어의 로마자 표기법

국어의 로마자 표기법은 우리말을 로마자로 적는 방법을 정한 어문 규정이다. 국어의 로마자 표기법은 1984년 고시되었는데, 2000년에 문화 관광부 고시(제 2000-8호)로 개정되었다. 따라서 여기서 인용한 영화 제목들의 로마자 표기도 2000년 이후의 작품들이다.

국어를 로마자로 표기하는 방법에는 전자법(轉字法)과 전음법(轉音法)[1]이 있다. 전자법은 글자를 그대로 옮겨 적는 방법이고, 전음법은 소리를 옮겨 적는 방법이므로 전자법이냐 전음법이냐에 따라 국어의 로마자 표기는 달라진다. 예를 들어 '신라'를 전자법에 따라 표기하면 발음을 고려하지 않고 표기하므로 'sinra'가 된다. 그런데 전음법에 따라 표기하면 '신라'의 발음인 [실라]에 따라 'silla'로 표기한다. 이 두 표기법은 장단점이 있다. 전음법을 따르면 국어의 현실 발음을 토대로 하므로 외국인들이 알아보기가 쉽지만, 여러 가지 음운 변동이 반영되어 있기에 로마자로 적은 말의 원래 형태를 알 수 없게 된다. 전자법의 경우는 전음법과는 반대로 로마자로 쓰기 쉽고, 다시 한글로 복원하기도 쉽지만 발음을 비슷하게 유도하기가 어렵다. 현행 로마자 표기법은 전음법을 따르고 있다.

한편 우리나라의 문화유산은 음역(音譯)으로 표기할 수도 있고 의역(意譯)으로 표기할 수도 있다. 음역의 사전적 의미는 한자를 가지고 외국어의 음을 나타내는 일이지만 여기서는 우리의 문화유산을 소리 나는 대로 로마자로 표기하는 것이다. 의역은 우리 문화유산을 전체의 뜻을 살려 로마자로 표기하는 방식이다.

음역 표기의 장점은 실제 우리나라 사람들이 사용하는 대로 표기하므로 정확한 의사소통이 가능하고, 우리의 고유 명사를 사용하므로 우리 문화를 잘 드러낼 수 있다. 그러나 표기만 보고는 그것이 지시하는 구체적인 대상을 알 수 없다는 단점이 있다. 의역 표기는 음역 표기와 달리 그것이 지시하는 사물이 무엇인지 쉽게 알 수 있다는 장점이 있다. 하지만 실제 널리 쓰이는 이름과 달라 의사소통이 어렵다는 단점이 있다. 다음은 문화유산의 음역 표기와 의역 표기의 사례이다.

---

1) 제7차 교육과정에 따른 "문법" 교사용 지도서(2010:311)에서는 전사법(轉寫法)이라는 용어는 표음법(表音法)을 표현하기에는 부적절한 용어이므로 전음법이라는 용어를 사용하고 있다.

표 1 문화유산의 음역 표기와 의역 표기 사례

우리말	음역	의역
거북선	Geobukseon	The Turtle Ship
불고기	Bulgogi	The Sliced Barbecued Beef
석굴암	Seokguram	The Stone Cave(Grotto)
조선왕조실록	Joseonwangjosillok	The True(Authentic) Record of the Joseon Dynasty
첨성대	Cheomseongdae	The Astronomical Observatory
탈춤	Talchum	The Mask(Masked) Dance
태권도	Taegwondo	The Korean Martial Arts of Self-Defence
판소리	Pansori	The Korean Narrative Musical
팔만대장경	Palmandaejanggyeong	The Tripitaka Koreana(the Complete Collection of Buddhist Scriptures, 80,000 Sutras)
한글	Hangeul	The Korean Alphabet

| 공무원 '국어' 시험에서 국어의 로마자 표기법 출제 경향 |

국어의 로마자 표기법의 문두나 선택지는 간결한 편이다. 국어의 로마자 표기법을 묻는 문항은 [2010, 지방 9급 8번] 문항처럼 한 선택지에 몇 개의 단어를 나열하는 경우는 드물다. 특별한 문제 유형으로는 [2011, 국회 9급 6번] 문항이다. 이 문항에서는 <보기>에 '벚꽃'의 잘못된 로마자 표기를 제시하고 그 이유를 물었다. 또한 [2008, 지방직 7급 1번], [2010, 소방 16번], [2011, 서울 9급 3번] 등은 외래어 표기법과 국어의 로마자 표기법을 함께 묻는 문항이었다. 특히 [2009, 지방 9급 2번]은 맞춤법, 외래어 표기법, 국어의 로마자 표기법 모두를 묻는 문항이다. [2011, 지방 7급 8번] 문항에서는 붙임표(-) 사용에 대해서 묻기도 했다. [2013, 국회 9급 7번]은 국어의 로마자 표기법에 대한 진술의 진위를 가리는 문항이다.

<표 2>는 공무원 '국어' 시험에 출제된 로마자 표기를 정리한 것이다. 표에서

도 알 수 있듯이 공무원 '국어' 시험에 출제된 로마자 표기는 주로 고유 명사에 관한 것들이다.

표 2 국어의 로마자 표기 기출 문제

한글 표기	맞는 표기	출제년도, 직렬, 직급
같이	gachi	04 서울(6월) 9급, 13 국가 7급
경기도	Gyeonggi-do	05 경기 9급
경복궁	Gyeongbokgung	15 2차 경찰, 08 서울 9급, 11 국가 7급, 11 서울 9급
경포대	Gyeongpodae	12 지방 9급
곡성	Gokseong	13 국회 9급
구절리	Gujeol-ri	06 국회 8급
극락전	Geungnakjeon	10 국회 9급, 12 지방 9급
금강	Geumgang	10 지방 9급
김포	Gimpo	10 지방 9급
낙동강	Nakdonggang	09 지방 9급, 10 지방 9급
낙성대	Nakseongdae	08 서울 9급
낳지	nachi	04 서울(6월) 9급
다보탑	Dabotap	15 국회 9급
대관령	Daegwallyeong	11 국가 7급, 12 서울 9급, 09 지방 9급 14 1차 경찰
대구	Daegu	10 지방 9급
대전	Daejeon	06 대전 9급, 10 지방 9급
도동	Do-dong	13 국회 9급
도봉구	Dobong-gu	08 서울 9급, 10 국회 9급
독립문	Dongnimmun	15 2차 경찰, 13 국가 7급, 13 지방 7급
동대문(구)	Dongdaemun(-gu)	08 지방 7급
명륜동	Myeongnyun-dong	07 서울 9급
묵호	Mukho	12 지방 9급
문래동	Mullae-dong	06 국회 8급
밀양	Miryang	08 지방 7급, 16 사회복지
백령도	Baengnyeongdo	15 기상
백록담	Baengnokdam	14 국회 9급

한글 표기	맞는 표기	출제년도, 직렬, 직급
백마	Baengma	04 서울(6월) 9급, 06 경남 9급, 14 국가 9급
법륜사	Beomnyunsa	10 국회 9급
법문	Beommun	04 서울(6월) 9급
벚꽃	beotkkot	11 국회 9급, 14 사회복지
별내	Byeollae	09 지방 7급, 14 사회복지
부산	Busan	10 지방 9급.
북악	Bugak	09 지방 7급
비원	Biwon	11 서울 9급
삼죽면	Samjuk-myeon	15 지방 교육(한문 포함)
샛별	Saetbyeol	12 서울 9급, 14 1차 경찰
서대문구	Seodaemun-gu	11 서울 9급
서산	Seosan	10 소방
서울	Seoul	07 서울 9급
설악(산)	Seoraksan	08 지방 7급, 13 지방 7급
성주	Seongju	04 서울(6월) 9급
세종로	Sejong-ro	14 1차 경찰
속리산	Songnisan	15 2차 경찰, 11 지방 7급, 13 지방 7급
신라	Silla	06 국가 9급
신륵사	Silleuksa	15 지방 교육(한문 포함)
신창읍	Sinchang-eup	14 사회복지
안압지	Anapji	15 지방 교육(한문 포함)
알약	allyak	09 지방 7급, 10 지방 9급
압구정동	Apgujeong-dong	06 국회 8급
압록강	Amnokgang	15 기상
양주(시)	Yangju(-si)	13 지방 7급, 11 지방 7급
여의도	Yeouido	10 지방 9급, 06 국가 9급, 14·15 국회 9급
영동	Yeongdong	06 국가 9급
영등포(구)	Yeongdeungpo(-gu)	06 국회 8급, 11 서울 9급, 14·15 국회 9급
영산강	Yeongsangang	10 지방 9급
예산	Yesan	16 사회복지

한글 표기	맞는 표기	출제년도, 직렬, 직급
오죽헌	Ojukheon	11 국가 7급, 14 1차 경찰
왕십리	Wangsimni	10 국회 9급, 11 국가 7급, 14 국가 9급
울릉(도)	Ulleung(do)	14 국가 9급, 15 기상
울산	Ulsan	06 경남 9급
원주	Wonju	10 소방
월곶	Wolgot	12 서울 9급, 14 사회복지 9급
의정부시	Uijeongbu-si	10 국회 9급
인왕리	Inwang-ri	13 국가 7급
전라북도	Jeollabuk-do	08 지방 7급
전주	Jeonju	10 소방
제주(도)	Jeju-(do)	10 지방 9급
종로(구)	Jongno-gu	06 국가 9급, 06 국회 8급, 07 서울 9급, 13·15 국회 9급, 09 국가 7급
좋고	joko	10 지방 9급
집현전	Jiphyeonjeon	15 2차 경찰, 12 서울 9급, 14 국회 9급
청계천	Cheonggyecheon	10 소방
청량리	Cheongnyangni	11 서울 9급, 16 사회복지
촉석루	Chokseongnu	12 서울 9급, 15 국회 9급
춘천	Chuncheon	16 사회복지
충청남도	Chungcheongnam-do	06 대전 9급
칠곡	Chilgok	06 경남 9급
퇴계로	Toegye-ro	08 서울 9급
팔당	Paldang	09 지방 7급
평창	Pyeongchang	12 지방 9급
하회탈	Hahoetal	13 국가 7급
학여울	Hangnyeoul	08 서울 9급, 14 국가 9급
해돋이	haedoji	10 지방 9급
호법	Hobeop	06 경남 9급
훈민정음	Hunminjeongeum	15 지방 교육(한문 포함)

| 국어의 로마자 표기법 학습 방법 |

외래어 표기법에 비해 국어의 로마자 표기법은 학습하기가 쉽다. 먼저 국어의 자음과 모음에 대응하는 로마자를 암기해야 한다. 자음의 경우 'ㄱ, ㄷ, ㅂ, ㄹ'이 환경에 따라 표기가 달라지는 점에 유의하고, 모음은 'ㅓ', 'ㅡ', 'ㅢ' 등의 로마자 표기에 유의해야 한다.

그 다음으로는 표준 발음을 알고 국어의 음운 변동 현상을 익혀야 한다. 이 부분은 국어의 로마자 표기법에 대한 학습뿐만 아니라 표준 발음법, 한글 맞춤법과도 연계되므로 반드시 익혀야 한다. 표준 발음 중에서는 '신륵사[실륵싸]'처럼 'ㄴ'이 앞뒤에 오는 'ㄹ'의 영향을 받아 'ㄹ'으로 발음되는 경우도 있지만, '신문로[신문노]'처럼 앞에 오는 'ㄴ'의 영향으로 'ㄹ'이 'ㄴ'으로 발음되는 경우도 있으므로 주의해야 한다.

이런 학습이 선행되었다면 거센소리되기 표기 반영 여부, 붙임표('-')를 사용할 수 있는 경우 등 예외적인 사항을 숙지할 필요가 있다. 또한 외래어 표기법, 한글 맞춤법과 함께 출제될 수 있으므로 다른 어문 규정도 함께 익혀야 한다.

이 책에서는 국어의 로마자 표기법 규정을 순서대로 제시하고, 그 규정에 대해 설명한 뒤 공무원 '국어' 시험에서 출제된 국어의 로마자 표기법과 관련된 문제를 '기출 분석'으로 제시했다. 그런데 부득이하게 순서가 바뀌는 경우도 있다. 그 예로 'Sŏngju'라는 표기는 로마자 이외의 기호는 되도록 사용하지 않는다는 제1장 표기의 기본 원칙 제2항과 제2장 제1항의 모음의 표기 방법을 어겼다.

이 책에서 공무원 '국어' 시험에 출제된 국어의 로마자 표기법과 관련된 문제를 분석할 때는 [출제연도, 직렬 직급 문항 번호 선택지 번호 '바른 표기']의 순서로 나타내었다. 예를 들어 [2013, 국회 9급 7번 ④ 'Dodong', 'Jongno']의 형태이다. 또한 틀린 표기는 '→'를 사용하여 바른 표기를 표시했는데, [2013, 국회 9급 7번 ⑤ 'Gogseong → Gokseong']이 그 예이다. 다만, 일부 직렬의 문제는 공개되지 않아서 수험생들의 기억에 의존하여 복원한 문제이므로 실제 문제와 다를 수 있다.

1 표기의 기본 원칙

국어의 로마자 표기법은 제1장 표기의 기본 원칙, 제2장 표기 일람, 제3장 표기상의 유의점 등으로 구성되어 있다.

제1항 국어의 로마자 표기는 국어의 표준 발음법에 따라 적는 것을 원칙으로 한다. 제2항 로마자 이외의 부호는 되도록 사용하지 않는다.

국어의 로마자 표기법의 제1항은 국어를 로마자로 표기할 때, 전음법에 따라 적는다는 것을 명시하고 있다. 그러므로 국어를 로마자로 정확하게 표기하기 위해서는 국어의 표준 발음법을 알아야 한다.

또한 1음운 1기호의 대응을 원칙으로 한다. 하지만 외래어 표기법이 외국어를 원음대로 충실히 반영하기 어렵듯이 국어의 로마자 표기법도 우리말과 문자나 음운 체계가 다른 로마자로 적어서 외국인에게 전달하는 것이므로 발음과 표기가 일치하지 않을 수밖에 없다. 대표적인 예가 파열음을 로마자로 표기하는 방식이다. 현행 국어의 로마자 표기법은 'ㄱ'을 모음 앞에서는 'g'로 표기하고 자음이나 어말에서는 'k'로 표기하므로 '원칙으로'라는 표현을 사용하여 몇몇 예외가 있다는 것을 밝히고 있다.

제2항에서는 로마자 이외의 부호를 사용하지 않는다고 한다. 이전의 로마자 표기법에서는 'ㅓ', 'ㅡ'를 로마자로 표기할 때 'o', 'u'의 위에 반달 모양 부호('˘')를 사용했었다. 그런데 이런 부호는 컴퓨터에서 입력하거나 검색하기가 불편하다는 문제가 있었다. 다만 '되도록'이라는 말에서 알 수 있듯이 예외적으로 붙임표(-)는 사용할 수 있다.

기출 분석

[2004, 서울 9급(6월), 20번 ① 'Sŏngju → Seongju']

'Sŏngju'라는 표기는 로마자 이외의 기호는 되도록 사용하지 않는다는 표기의 기본 원칙을 어겼고, 'ㅓ'는 'eo'로 표기해야 하므로 'Seongju'로 적는다.

2 표기 일람

제2장 표기 일람은 모두 2항으로 구성되어 있는데, 국어의 음운을 로마자와 대응시켜 놓은 것이다. 제1항은 국어 모음과 로마자를 대응시켜 놓았고, 제2항은 국어 자음을 로마자와 대응시켜 놓았는데, 여기서는 순서를 바꾸어 자음부터 제시하면 다음과 같다.

표 3 국어의 자음에 대응하는 로마자

조음 방법	조음 위치	자음	로마자
파열음	연구개음	ㄱ	g, k
		ㄲ	kk
		ㅋ	k
	치조음	ㄷ	d, t
		ㄸ	tt
		ㅌ	t
	양순음	ㅂ	b, p
		ㅃ	pp
		ㅍ	p
파찰음	경구개음	ㅈ	j
		ㅉ	jj
		ㅊ	ch
마찰음	치조음	ㅅ	s
		ㅆ	ss
	후음	ㅎ	h

조음 방법	조음 위치	자음	로마자
비음	양순음	ㅁ	m
	치조음	ㄴ	n
	연구개음	ㅇ	ng
유음	치조음	ㄹ	r, l

표 4 국어 단모음에 대응하는 로마자

ㅏ	ㅓ	ㅗ	ㅜ	ㅡ	ㅣ	ㅐ	ㅔ	ㅚ	ㅟ
a	eo	o	u	eu	i	ae	e	oe	wi

단모음 표기에서는 특히 'ㅓ', 'ㅡ', 'ㅚ'에 대응하는 국어의 음운을 정확하게 알고 있어야 한다.

표 5 국어 이중 모음에 대응하는 로마자

ㅑ	ㅕ	ㅛ	ㅠ	ㅒ	ㅖ	ㅘ	ㅙ	ㅝ	ㅞ	ㅢ
ya	yeo	yo	yu	yae	ye	wa	wae	wo	we	ui

기출 분석

[2010, 소방 16번 ③ 'Wonju']
[2014, 사회복지 1번 ① 'Weolgot → Wolgot']
[2008, 서울 9급 16번 ④ 'Toegyero']
[2012, 서울 9급 15번 ① 'Weolgot → Wolgot']
[2010, 지방 9급 8번 ① 'Jeju', ② 'Yeouido', ④ 'Geumgang', 'Yeongsangang']
[2013, 지방 7급 3번 ③ 'Yangju-si']
[2006, 국가 9급 9번 ① 'Yeongdong', ④ 'Yeoido → Yeouido']
[2010, 국회 9급 10번 ⑤ 'Uijeongbu-si']
[2014, 국회 9급 6번 ④ 'Yeoeuido → Yeouido']
[2015, 국회 9급 4번 ① 'Yeungdeungpo → Yeongdeungpo', ⑤ 'Yeoeuido → Yeouido']

모음 표기와 관련해서는 "'ㅢ'는 'ㅣ'로 소리 나더라도 'ui'로 적는다."라는 [붙임 1]의 규정이 자주 출제되었다. 이는 표준 발음법과 관련되어 있다. 표준 발음법 제5항 '다만 3, 4'에서는 'ㅢ'의 단모음화 현상을 인정한 발음을 제시하고 있다.

표 6 이중 모음 'ㅢ'의 표준 발음

조건	용례	원칙	허용
첫소리가 자음인 음절의 'ㅢ'	늴리리	[닐리리]	
	유희	[유히]	
첫 음절 이외 '의'	성의(誠意)	[성의]	[성이]
	내의(內衣)	[내:의]	[내:이]
조사 '의'	강의(講義)의	[강:의의]	[강:이의~강:이에]

위 표처럼 첫소리가 자음인 음절의 'ㅢ'는 [ㅣ]로 발음하고, 단어의 첫 음절 이외의 '의'는 [이]로, 조사 '의'는 [에]로 발음할 수 있다고 한다. 그러나 두 가지 이유로 한글 맞춤법 제9항에서는 'ㅢ'가 [ㅣ]나 [ㅔ]로 발음되는 경향이 있더라도 'ㅢ'로 적기로 했다. 첫째는 현실적으로 'ㅢ'와 'ㅣ', 'ㅢ'와 'ㅔ'가 각기 변별적 특징(辨別的特徵)을 가지고 있는 서로 다른 음운이기 때문이다. 둘째는 발음 현상에 비해 표기법은 보수성을 지니고 있기 때문이다.

국어의 로마자 표기법은 국어의 표준 발음법에 따라 적는 것이 원칙이지만 한글 맞춤법처럼 그 형태를 밝혀 'ㅢ'가 [ㅣ]나 [ㅔ]로 발음되더라도 'ui'로 표기한다. 그래서 '광희문'은 [광히문]으로 발음하지만 'Gwanghimun'이 아니라 'Gwanghuimun'으로 표기한다. 따라서 "숙희"(Sookhee, 2013), "윤희"(Yoon hee, 2013)는 'Suk hui', 'Yun hui'로 표기해야 한다. 제1항 [붙임 2]는 "장모음의 표기는 따로 하지 않는다."라는 조항이다.

제2항 [붙임 1]은 파열음 'ㄱ, ㄷ, ㅂ'이 놓이는 환경에 따른 로마자 표기를 규정한 것이다. 파열음 'ㄱ, ㄷ, ㅂ'은 모음 앞에서는 'g, d, b'로 자음 앞이나 어말(단어의 끝)에서는 'k, t, p'로 표기한다.

구미 Gumi	영동 Yeongdong	백암 Baegam
옥천 Okcheon	합덕 Hapdeok	호법 Hobeop
월곶[월곧] Wolgot	벚꽃[벋꼳] beotkkot	한밭[한받] Hanbat

'구미', '백암', '월곶' 등에 쓰인 'ㄱ'은 모음 'ㅜ', 'ㅏ', 'ㅗ' 앞에 오므로 'g'로 표기했지만 '옥천'의 'ㄱ'은 자음 'ㅊ' 앞에 오므로 'k'로 표기한다. '합덕'의 'ㄱ'은 단어의 끝인 어말에 있으므로 'k'로 표기한다. '영동', '합덕'에서 'ㄷ'은 모음 'ㅗ', 'ㅓ' 앞에 있으므로 'd'로 표기한다. '호법'의 첫 번째 'ㅂ'이나 '벚꽃'의 'ㅂ'은 모두 모음 'ㅓ' 앞에 있으므로 'b'로 표기하지만 '호법'의 두 번째 'ㅂ'이나 '합덕'의 'ㅂ'은 어말이나 자음 앞이므로 'p'로 표기한다. '월곶', '벚꽃', '한밭'에 쓰인 'ㅈ', 'ㅊ', 'ㅌ'은 뒤에서 나올 음절의 끝소리 규칙에 따라 'ㄷ'으로 발음되며, 그 위치가 어말이므로 't'로 표기한다.

기출 분석

[2014, 사회복지 1번 ② 'beotkkot']
[2006, 국회 8급 7번 ① 'Gujeol-li → Gujeol-ri', ④ 'Yungdeungpo→ Yeongdeungpo', 'Jongno-gu']
[2010, 국회 9급 10번 ③ 'Dobong-gu']
[2011, 국회 9급 6번 'beodkkoch → beotkkot']
[2013, 국회 9급 7번 ④ 'Dodong', 'Jongno', ⑤ 'Gogseong → Gokseong']
[2008 서울 9급 16번 ③ 'Dobong-gu']
[2011, 서울 9급 3번 ① 'Seodaemun-gu', ③ 'Youngdungpho→Yeongdeungpo' ⑤ 'Biwon']
[2006, 경남 9급 9번 ① 'Hobeop']
[2006, 대전 9급 1번 'Daejeon', 'Chungcheongnam-do']
[2010, 지방 9급 8번 ① 'Busan', 'Daegu', ② 'Daejeon', 'Gimpo']
[2008, 지방 7급, 1번 ① 'Dongdaemun(-gu)']
[2009, 지방 7급 2번 ① 'Bukak → Bugak']
[2013, 지방 7급 3번 ① 'Seolak → Seorak']

기출 분석에서 알 수 있듯이 제2항 [붙임 1]과 관련된 문항은 우리말의 'ㄱ', 'ㄷ', 'ㅂ'이 발음되는 환경에 따른 로마자 표기이다. 따라서 "태극기 휘날리며"(2004)에서의 '태극기'는 'TaeGukGi'가 아니라 'TaeGeukGi'로 표기해야 한다. "범일동 블루스"(2000)는 'Pomildong Blues'가 아니라 'Beomildong Blues'로 표기해야 하고, "강철"(Kangchul, 2000)이라는 영화의 로마자 표기도 'Gangcheol'이 되어야 한다.

[붙임 2]는 유음 'ㄹ'이 놓이는 환경에 따른 표기 방법이다. 'ㄹ'은 모음 앞에서는 'r'로, 자음 앞이나 어말에서는 'l'로 적고, 원래 'ㄹㄹ'로 발음되거나 유음화되어 'ㄹㄹ'로 발음되는 것은 'll'로 적는다.

구리 Guri	설악 Seorak	칠곡 Chilgok
임실 Imsil	울릉 Ulleung	대관령[대괄령] Daegwallyeong

'구리', '설악'의 'ㄹ'은 모음인 'ㅣ', 'ㅏ'[2] 앞에 있으므로 'r'로 표기한다. 그런데 '칠곡'의 'ㄹ'은 자음 'ㄱ' 앞에 있고, '임실'의 'ㄹ'은 어말에 있으므로 'l'로 표기한다.

기출 분석

[2006, 국회 8급 7번 ① 'Gujeol-li → Gujeol-ri']
[2006, 경남 9급 9번 ② 'Chilgok']
[2008, 지방 7급, 1번 ② 'Seoraksan', ④ 'Miryang']
[2014, 국가 9급 4번 ② 'Ulleung']
[2015, 기상 1번 ② 'Ulleungdo']

'밀양'의 발음은 'ㄴ' 첨가 후 유음화되는 [밀냥→밀량]의 음운 변동 과정을 겪지 않으므로 'ㄹ'을 'l'로 표기하지 않는다. 이처럼 이중 모음도 모음으로 간주

2) 우리말에서 음절 첫소리(초성)의 'ㅇ'은 소릿값이 없다. 그러므로 '여여'는 'ㅕㅕ'로 표기해도 되지만 음절 단위로 모아쓴다는 훈민정음의 규정에 따라 모아쓰기를 한다.

한다. 뒤에서 나오겠지만 'ㄴ' 첨가 현상은 단어에 따라 일어나므로 발음에 주의해야 한다. 행정 구역 단위에 대한 로마자 표기는 정해져 있지만 '리'의 'ㄹ'은 모음 'ㅣ' 앞에 있으므로 'li'로 표기할 수 없다.

따라서 "두물머리(Dumulmeori, 2013)처럼 표기해야 한다. "두밀리 2: 시작하는 순간"(Doomealee, The Very First Step, 2000)은 '두밀리'라는 마을의 이야기이므로 'Dumil-ri'로 표기해야 하고 "당인리 발전소"(Danginlee Power Station. 2004)라는 영화에서 'Danginlee'는 'Danginri'로 표기해야 한다.

3 표기상의 유의점

제3장 표기상의 유의점은 모두 여덟 개의 항으로 구성되어 있다.

제1항 음운 변화가 일어날 때에는 변화의 결과에 따라 다음 각 호와 같이 적는다.

국어의 로마자 표기법에 따라 우리말을 로마자로 표기하기 위해서는 국어의 음운 변동 현상을 알아야 한다. 2009 개정 교육과정에서는 음운 변동 현상을 '교체, 탈락, 첨가, 축약'의 유형으로 나누어 기술할 수도 있다고 한다. 즉 음운이 대치되는 것을 교체로, 생략되는 것을 탈락으로, 새로운 음이 덧붙는 것을 첨가로, 여러 개가 합쳐지는 것을 축약으로 설명하는 것이다. 한편 제7차 교육과정에 따른 고등학교 "문법" 교과서(2010:65)에서는 "한쪽의 음운이 다른 쪽 음운의 성질을 닮는 동화(同化)" 현상을 음운 변동 현상으로 다루고 있지만 여기서는 교체 현상을 설명할 때 동화 현상을 함께 설명하기로 한다. 국어의 음운 변동 현상을 다루기 이전에 몇 가지 알아두어야 할 개념이 있다. 이를 정확하게 이해해야지 음운 변동 현상을 이해할 수 있다.

01. 음운 변동 현상과 관련된 개념

(1) 음운(音韻)

음운이란 말뜻을 구분해 주는 최소 단위이다.

■ 달[月]:딸[女]:탈[頉]

위의 세 단어는 그 의미가 다르다. 이렇게 단어의 의미가 달라지는 이유는 가운뎃소리인 'ㅏ'와 끝소리인 'ㄹ'은 같지만 첫소리 'ㄷ', 'ㄸ', 'ㅌ'이 다르기 때문이다. 이렇게 다른 요소는 같은데 한 요소가 달라서 말뜻이 달라질 때, 그 한 요소를 음운이라고 한다.

국어의 음운은 발음할 때 장애(障礙) 유무에 따라 자음과 모음으로 나눈다. 자음은 닿소리라고도 하는데, 목, 입, 혀 따위의 발음 기관에 의해 구강 통로가 좁아지거나 완전히 막히는 따위의 장애를 받으며 나는 소리이다. 자음은 조음 위치와 조음 방법에 따라서 분류할 수 있다. 조음 위치는 소리가 나는 자리이며, 조음 방법은 소리를 만드는 방법이다.

모음은 성대의 진동을 받은 소리가 목, 입, 코를 거쳐 나오면서, 그 통로가 좁아지거나 완전히 막히거나 하는 따위의 장애를 받지 않고 나는 소리로 홀소리라고도 한다. 모음은 소리를 내는 도중에 입술 모양이나 혀의 위치가 달라지지 않는 모음인 단모음과 입술 모양이나 혀의 위치를 처음과 나중이 서로 달라지게 하여 내는 이중 모음으로 나눈다. 단모음은 혀의 최고점의 위치에 따라 고모음, 중모음, 저모음으로 나누고, 혀의 앞뒤 위치에 따라 전설 모음, 후설 모음으로 나눈다. 또한 입술 모양에 따라서는 평순 모음과 원순 모음으로 나눈다. 아래 표는 국어의 자음과 모음을 분류한 것이다.

그런데 문자로서의 한글 자모와 음성 언어인 한국어의 자음, 모음은 차이가 있다. 한글 자모의 수는 자음 14개(ㄱ, ㄴ, ㄷ, ㄹ, ㅁ, ㅂ, ㅇ, ㅅ, ㅈ, ㅊ, ㅋ, ㅌ, ㅍ, ㅎ), 모음 10개(ㅏ, ㅑ, ㅓ, ㅕ, ㅗ, ㅛ, ㅜ, ㅠ, ㅡ, ㅣ)로 모두 24개이다.

그러나 한국어 음운의 수는 대체로 자음은 19개(ㄲ, ㄸ, ㅃ, ㅆ, ㅉ 포함)이고, 모음은 21개(ㅐ, ㅒ, ㅔ, ㅖ, ㅘ, ㅙ, ㅚ, ㅝ, ㅞ, ㅟ, ㅢ 포함)로 보고 있다. 2009 개정 국어과 교육과정에서도 국어의 음운을 자음은 19개, 모음은 단모음 10개, 이중 모음 11개로 모두 21개로 본다.

표 7 국어의 자음

조음 방법 \ 조음 위치		양순음	치조음	경구개음	연구개음	후음
파열음	예사소리	ㅂ	ㄷ		ㄱ	
	된소리	ㅃ	ㄸ		ㄲ	
	거센소리	ㅍ	ㅌ		ㅋ	
마찰음	예사소리		ㅅ			ㅎ
	된소리		ㅆ			
파찰음	예사소리			ㅈ		
	된소리			ㅉ		
	거센소리			ㅊ		
비음		ㅁ	ㄴ		ㅇ	
유음			ㄹ			

표 8 국어의 모음

혀의 높이 \ 입술 모양 \ 혀의 위치	전설 모음		후설 모음	
	평순 모음	원순 모음	평순 모음	원순 모음
고모음	ㅣ	ㅟ	ㅡ	ㅜ
중모음	ㅔ	ㅚ	ㅓ	ㅗ
저모음	ㅐ		ㅏ	

이중 모음의 구성 요소 중 하나는 단모음이고 다른 하나는 반모음인데, 'ㅑ', 'ㅒ', 'ㅕ', 'ㅖ', 'ㅘ', 'ㅙ', 'ㅛ', 'ㅝ', 'ㅞ', 'ㅠ', 'ㅢ' 따위가 있다.

참고로 음운의 개수는 실제 음성 실현형을 기준으로 따지는 것이 일반적이다.

예를 들어 '맑다'의 음운의 수는 [막따]라는 음성 실현형을 기준으로 5개이며, '맑은'은 [말근]이라는 음성 실현형을 기준으로 6개다. '나뭇잎'은 [나문닙]으로 실현되므로 음운의 수는 8개이다. 그래서 사이시옷이 있는 글자의 음운 개수는 음성 실현형에 따라 다를 수 있다. 즉, '냇가'의 표준 발음은 [내까]와 [낻까]인데, [낻까]로 발음할 때는 음운의 개수가 하나 많아진다.

한편 '서로 다른 두 개의 자음으로 이루어진 받침'인 겹받침 역시 음성 실현형에 따라 음운의 개수가 달라진다. '닭'이 음절의 끝소리 규칙에 따라 [닥]으로 발음될 때와 달리 '닭이'[달기]로 연음될 때는 두 개의 음운으로 판단하는 것이 적절하다.

(2) 음절(音節)

■ 낙엽이 우수수 떨어집니다.

위의 문장을 발음하면 [나겨비 우수수 떠러짐니다.]가 되는데, '나', '겨', '비'처럼 한 뭉치로 이루어진 소리의 덩어리를 음절이라고 한다. 국어에서 음절이 되려면 모음이 반드시 있어야 한다. 자음은 단독으로 음절을 이룰 수 없고, 모음의 앞이나 뒤에 연결되어야 한다. 음절의 중심을 이루는 모음을 중성(中聲, 가운뎃소리)이라 하고, 그 앞의 자음은 초성(初聲, 첫소리), 그 뒤의 자음은 종성(終聲, 끝소리)이라고 한다.(고등학교 문법:2010, 63) 그런데 '아'의 첫소리 'ㅇ'은 자음이 아니다. 우리가 '아'로 표기하거나 'ㅏ'로 표기하더라도 발음은 [ㅏ]로 난다.

음절은 자음과 모음이 만나 이루어진다. 초성 19자(ㄱ, ㄴ, ㄷ, ㄹ, ㅁ, ㅂ, ㅅ, ㅇ, ㅈ, ㅊ, ㅋ, ㅌ, ㅍ, ㅎ, ㄲ, ㄸ, ㅃ, ㅆ, ㅉ), 중성 21자(ㅏ, ㅐ, ㅑ, ㅒ, ㅓ, ㅔ, ㅕ, ㅖ, ㅗ, ㅘ, ㅙ, ㅚ, ㅛ, ㅜ, ㅝ, ㅞ, ㅟ, ㅠ, ㅡ, ㅢ, ㅣ), 종성 27자(ㄱ, ㄴ, ㄷ, ㄹ, ㅁ, ㅂ, ㅅ, ㅇ, ㅈ, ㅊ, ㅋ, ㅌ, ㅍ, ㅎ, ㄲ, ㄳ, ㄵ, ㄶ, ㄺ, ㄻ, ㄼ, ㄽ, ㄾ, ㄿ, ㅀ, ㅄ, ㅆ) 이렇게 모두 67자가 서로 조합하여 음절을 만든다. 따라서 이론상으로는 받침 없는 글자는 399개(19×21)와 받침 있는 글자 10,773개(399×27)로 모두 11,172개이다. 그런데 음절 구성 제약을 고려할 때는 다음과 같다.

표 9 우리말 음절의 개수(국립국어원 '온라인 가나다': 2010. 03. 14., 05. 28.)

음절 구성	음절
모음	21개(단모음 10개+이중 모음 11개)
모음+자음	21×7=154개 (종성의 위치에는 7개의 자음만 허용)
자음+모음	19×21=399
자음+모음+자음	19×21×7=2,793개
	합계: 3,367

그러나 실제로 쓰이는 음절의 수는 음소의 연결에 제약이 있기 때문에 이보다 훨씬 적어져서 실현 가능한 음절의 수는 1,096개 정도이다.

02. 음운 변동 현상

음운 변동이란 한 음운이 일정한 환경에서 다른 음운으로 바뀌어 소리 나는 현상을 일컫는다. 여기서는 음운 변동을 크게 교체, 탈락, 첨가, 축약으로 나누어 살펴보았다. 이 중 탈락과 관련된 음운 변동 현상이 국어의 로마자 표기법 문항으로 출제된 적은 없다.

(1) 교체(대치)

교체 또는 대치 현상은 어떤 음운이 다른 음운으로 바뀌는 현상으로 다음과 같이 몇 가지로 나뉜다.

▣ 음절의 끝소리 규칙

음절의 끝소리 규칙이란 우리말 음절의 끝에서는 'ㄱ, ㄴ, ㄷ, ㄹ, ㅁ, ㅂ, ㅇ' (가느다란 물방울) 외에 다른 자음이 올 때는 이 일곱 자음 중 하나로 바뀌어 발음되는 현상을 말한다. 여기서 말하는 음절의 끝이란 '꽃' 또는 '꽃도'와 같이 뒤에 아무런 음운이 오지 않든가 자음이 오는 경우이다. 이때는 'ㄱ, ㄴ, ㄷ, ㄹ, ㅁ, ㅂ, ㅇ' 하나로 교체된다. 즉, 'ㄱ, ㄲ, ㅋ'은 'ㄱ'으로 발음되고 'ㅌ, ㅅ, ㅆ,

ㅈ, ㅊ'은 'ㄷ'으로 'ㅍ'은 'ㅂ'으로 발음된다. 그러므로 '곶감'은 첫 음절의 받침 'ㅈ' 뒤에 자음이 오므로 [곧깜]으로 발음된다. 그래서 'gotgam'으로 표기한다. '장산곶'은 'ㅈ' 뒤에 아무 음운도 오지 않아 [장산곧]으로 발음되므로 'Jangsangot'으로 표기한다.

▣ 동화 현상

동화 현상은 말소리가 서로 이어질 때, 어느 한쪽 또는 양쪽이 영향을 받아 비슷하거나 같은 소리로 바뀌는 현상이다. 동화 현상에는 비음화, 유음화, 구개음화 등이 있다. 아래의 설명에서 실선인 원은 변하기 전의 음운이며, 점선인 원은 음운 변동을 겪은 후의 음운이다.

▣ 비음화

국어의 로마자 표기법에서는 자음 사이에서 동화 작용이 일어날 때에는 표기에 반영하는데, 자음 사이에서 일어나는 동화에는 비음화와 유음화가 있다. 비음화는 비음이 아닌 소리가 뒤에 오는 비음의 영향을 받아 비음으로 변하는 현상이다. 비음화 현상은 다시 몇 가지로 나눌 수 있다.

첫째, 받침 'ㄱ(ㄲ, ㅋ, ㄳ, ㄺ), ㄷ(ㅅ, ㅆ, ㅈ, ㅊ, ㅌ, ㅎ), ㅂ(ㅍ, ㄼ, ㄿ, ㅄ)' 뒤에 'ㄴ, ㅁ'이 오면 [ㄱ, ㄷ, ㅂ]이 각각 [ㅇ, ㄴ, ㅁ]으로 변하는 현상이다. '백마'는 받침 'ㄱ' 뒤에 오는 'ㅁ'의 영향을 받아 'ㄱ'과 같은 조음 위치에 있는 비음인 'ㅇ'으로 바뀐 [뱅마]로 발음한다.

■ 백마 → [뱅마] Baengma

둘째, 받침 'ㅁ, ㅇ' 뒤에 연결되는 'ㄹ'은 [ㄴ]으로 비음화된다. 또한 받침 'ㄱ, ㅂ' 뒤에 연결되는 'ㄹ'도 [ㄴ]으로 비음화되는데, 이를 'ㄹ'의 비음화라고도 한다. 그리고 이 'ㄴ' 때문에 앞에 오는 'ㄱ, ㅂ'이 다시 비음화되어 'ㄴ, ㅁ'으로 발음된다. '강릉'에서 첫 음절의 받침소리 'ㅇ' 때문에 두 번째 음절의 'ㄹ'이 'ㄴ'으로 바뀌어 발음되고, '신문로'는 두 번째 음절의 받침소리 'ㄴ' 때문에 세 번째 음절의 첫소리 'ㄹ'이 'ㄴ'으로 발음된다. 또한 '왕십리'는 두 번째 음절의 받침소리 'ㅂ' 때문에 세 번째 음절의 첫소리 'ㄹ'이 'ㄴ'으로 발음된 후, 이 'ㄴ'의 영향으로 두 번째 음절의 받침소리 'ㅂ'이 'ㄴ'으로 발음된다. 즉, 다음과 같은 음운 변동 과정을 거친다.

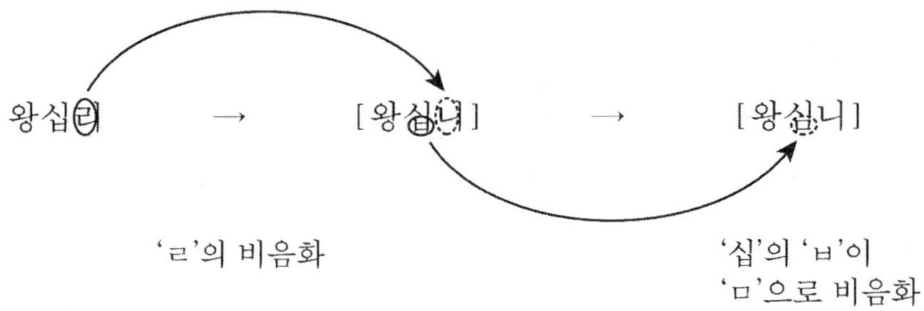

- 강릉[강능] - Gangneung
- 신문로[신문노] - Sinmunno
- 왕십리 → [왕십니] → [왕심니] Wangsimni

기출 분석

[2015, 경찰 20번 ② 'Dongnipmun → Dongnimmun']
[2006, 국회 8급 7번 ② 'Jongro-gu → Jongno-gu']
[2010, 국회 9급 10번 ① 'Geungnagjeon → Geungnakjeon' ② 'Beomnyunsa', ④ 'Wangsimni']
[2013 국회 9급 7번 ① 'Jongno']
[2014, 국회 9급 6번 ③ 'Baengnokdam', ⑤ 'Simmunno → Sinmunno']
[2015 국회 9급 4번 ② 'Jongro-gu → Jongno -gu', ③ 'Chokseongnu']
[2004, 서울 9급(6월) 20번 ② 'beopmun → Beommun', ④ 'Baekma → Baengma']
[2007, 서울 9급 12번 'Myeongnyun-dong, Jongno-gu']
[2011, 서울 9급 3번 ② 'Cheonglyangli → Cheongnyangni']
[2012, 서울 9급 15번 ④ 'Chokseongnu']
[2006, 경남 9급 9번 ③ 'Baekma → Baengma']
[2012, 지방 9급 1번 ② 'Geuknakjeon → Geungnakjeon']
[2013, 지방 7급 3번 ② 'Songnisan', ④ 'Dongnimmun']
[2006, 국가 9급 9번 ② 'Jongno']
[2014, 국가 9급 4번 ① 'Wangsimri → Wangsimni', ③ 'Baengma']
[2011, 국가 7급 1번 ④ 'Wangsimni']
[2013, 국가 7급 5번 ② 'Dongnimmun']
[2015, 기상 1번 ① 'Baengnyeongdo', ④ 'Amrokgang → Amnokgang']

'극락전'은 두 번째 음절의 첫소리('락') 'ㄹ'은 첫 번째 음절('극')의 받침소리 'ㄱ'의 영향으로 'ㄴ'으로 바뀐다. 이후 바뀐 'ㄴ'의 영향을 받아 '극'의 'ㄱ'은 'ㅇ'으로 비음화되어 [긍낙쩐][3]으로 발음되므로 'Geungnakjeon'으로 표기한다. '독립문' 역시 비슷한 음운 변동 과정을 거쳐 [동님문]으로 발음되므로 'Dongnimmun'으로 표기한다.

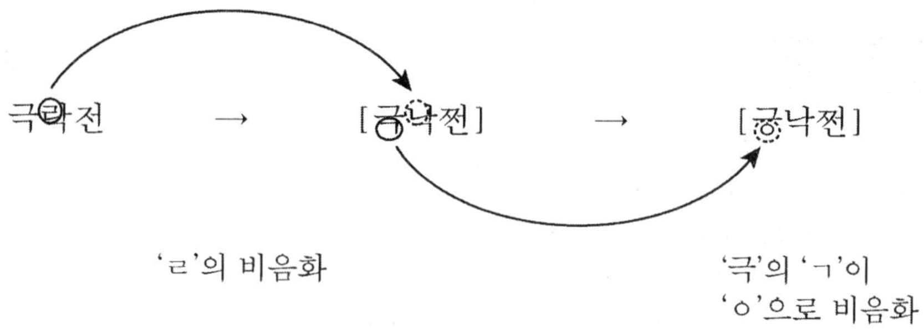

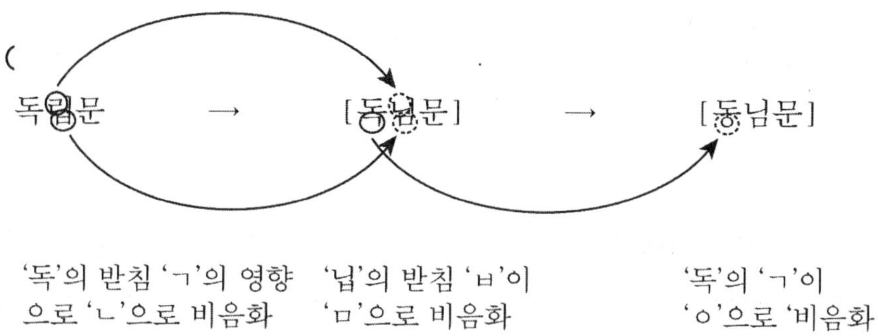

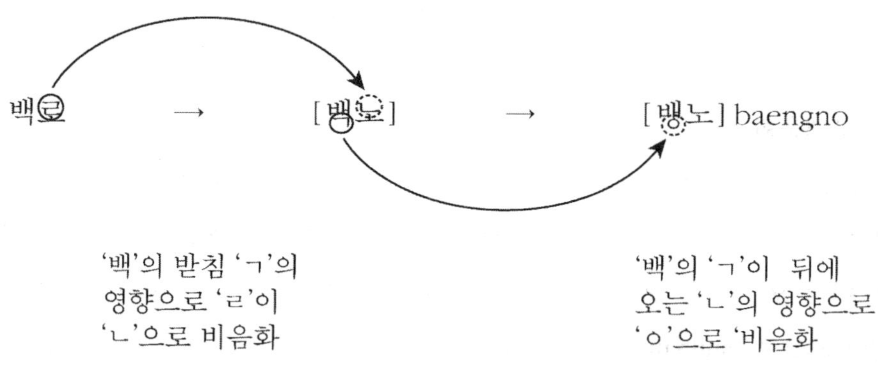

3) 뒤에 나오겠지만 국어의 로마자 표기법에서 된소리되기는 반영하지 않는다.

▣ 유음화

유음화는 유음이 아닌 'ㄴ'이 유음 'ㄹ'의 영향을 받아 'ㄹ'로 발음되는 현상이다.

■ 별내 → [별래] Byeollae

기출 분석

[2014, 1차 경찰 20번 ① 'Daegwallyeong']
[2014, 사회복지 1번 ③ 'Byeollae']
[2006, 국회 8급 7번 ⑤ 'Mulrae-dong → Mullae-dong']
[2012, 서울 9급 15번 ⑤ 'Daegwallyeong']
[2008, 지방 7급 1번 ③ 'Jeonlabuk-do → Jeollabuk-do']
[2009, 지방 7급 2번 ③ 'Byeollae']
[2009, 지방 9급 2번 ② 'Daegwallyeong']
[2006, 국가 9급 9번 ③ 'Silla']
[2011, 국가 7급 1번 ② 'Daegwalryeong → Daegwallyeong']
[2015, 지방 교육(한문) 3번 ② 'Sinreuksa → Silleuksa']

'ㄴ+ㄹ'의 연결 구조에서 뒤의 'ㄹ'이 'ㄴ'으로 비음화되기도 하지만 앞이 'ㄴ'이 'ㄹ'로 유음화되기도 하므로 정확한 발음을 알아야 한다. '신문로'는 [신문노]로 비음화되지만 '대관령', '문래동', '신라', '신륵사', '전라도' 등은 각각 [대괄령], [물래동], [실라], [실륵사], [절라도]로 유음화된다.

▣ 구개음화

구개음화란 받침 'ㄷ, ㅌ(ㄾ)'이 형식 형태소(조사나 접미사)의 모음 'ㅣ'와 결합되는 경우에는, [ㅈ, ㅊ]으로 바뀌는 현상을 말한다. 구개음화는 다른 동화와 달리 뒤에 오는 'ㅣ' 모음을 닮아 조음 위치가 변한다. 즉, '물받이'는 [물바지]로 발음되므로 'mulbaji'로 표기하고, '같이'는 [가치]로 발음되므로 'gachi'로 표기한다.

국어의 로마자 표기법에서는 '맞히다'는 [마치다]로 발음되기에 'machida'로 표기하는 것으로 설명한다. 이는 '맞-'의 받침 'ㅈ'이 자음 'ㅎ' 앞에서 음절의 끝소리 규칙의 적용을 받아 'ㄷ'으로 바뀐 후, 뒤에 오는 'ㅎ'과 합쳐져서 [티]가 된 후에 구개음화된 것이다. 이를 정리하면 다음과 같다.

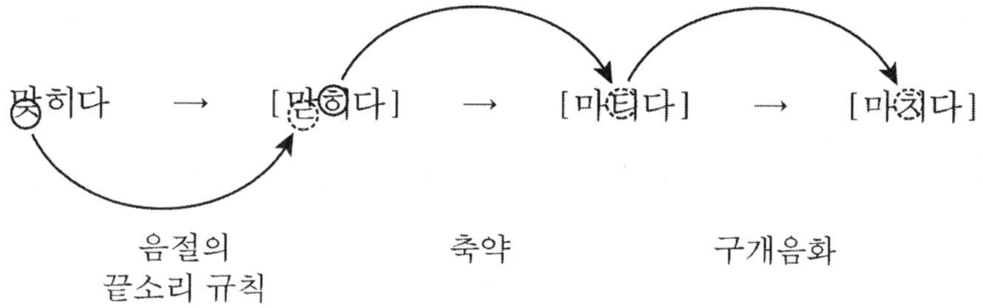

그런데 표준 발음법 제12항 1의 [붙임 1]을 보면 받침 'ㄱ(ㄺ), ㄷ, ㅂ(ㄼ), ㅈ(ㄵ)'이 뒤 음절 첫소리 'ㅎ'과 결합되는 경우에도, 역시 두 소리를 합쳐서 [ㅋ, ㅌ, ㅍ, ㅊ]으로 발음하는 것으로 규정한다. 그 용례로 '맞히다'와 같은 음운 환경에 있는 '꽂히다[꼬치다]'를 들고 있다. 즉, 국어의 로마자 표기법에서는 음절의 끝소리 규칙, 거센소리되기, 구개음화를 거치는 것으로 설명하지만 표준 발음법에서는 바로 거센소리되기가 되는 것으로 설명하고 있다.

그런데 지난 2014년 12월 5일 "국어의 로마자 표기법" 일부 개정안(문체부 고시 제2014-0042호)이 고시되었다. 이 개정안은 국어의 로마자 표기법의 규정에서 제시한 용례 오류를 수정하는 것이 목적이다. 개정안에서는 <제3장 제1항의 3> 구개음화 관련 용례 중에서 '맞히다[마치다] machida'를 '굳히다[구치다] guchida'로 교체했다.

기출 분석

[2004, 서울 9급(6월) 20번 ③ 'gachi']
[2010, 지방 9급 8번 ③ 'haedoji']
[2013, 국가 7급 5번 ③ 'gachi']

(2) 첨가

한글 맞춤법 제29항에 따르면 합성어 및 파생어에서, 앞 단어나 접두사의 끝이 자음이고 뒤 단어나 접미사의 첫 음절이 '이, 야, 여, 요, 유'인 경우에는, 'ㄴ' 소리를 첨가하여 [니, 냐, 녀, 뇨, 뉴]로 발음한다.

- 솜이불[솜:니불], 홑이불[혼니불], 알약[알략], 물약[물략]

'학여울'의 경우 '학'과 '여울'로 분석되는데, 먼저 '여울'에 'ㄴ' 첨가되어 '녀울'이 된다. 그 후 'ㄴ' 앞의 'ㄱ'이 비음화되므로 최종 발음은 [항녀울]로 난다. 그래서 'Hangnyeoul'로 표기한다. '물약'의 경우도 '물'과 '약'이 결합한 합성어인데, '약'에 먼저 'ㄴ'이 첨가된 후, 앞에 오는 'ㄹ'이 영향으로 'ㄴ'이 'ㄹ'로 발음된다. 그래서 그 최종 발음은 [물략]이므로 'mullyak'으로 표기한다. 그 과정은 다음과 같다.

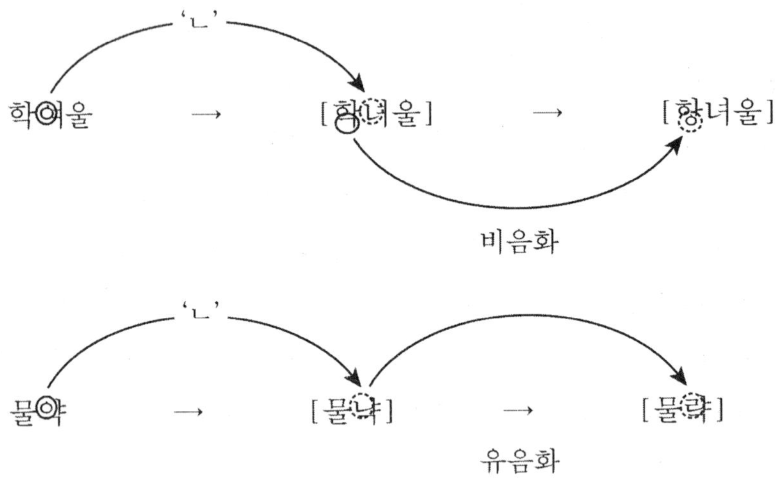

기출 분석

[2008, 서울 9급 16번 ⑤ 'Hangyeoul']
[2010, 지방 9급 8번 ③ 'allyak']
[2009, 지방 7급 2번 ② 'allyak']
[2014, 국가 9급 4번 ④ 'Hangnyeoul']

'알약'은 '약'에 'ㄴ'이 첨가된 후 'ㄹ'의 영향으로 [알략]으로 발음된다. 한편, 'ㄴ' 첨가 현상도 단어에 따라 일어날 수도 있고, 일어나지 않을 수도 있기 때문에 발음을 알아야 표기할 수 있다. 또한 어떤 말들은 'ㄴ'을 첨가하여 발음할 수도 있고, 첨가하지 않고 발음할 수도 있어, 로마자 표기에 주의해야 한다. 표준 발음법 제29항에 따르면 다음과 같은 단어들은 'ㄴ' 음을 첨가하여 발음하되, 표기대로 발음할 수 있다고 한다. 그런데 국어의 로마자 표기는 본래의 발음에 따라 적는 것을 원칙으로 하므로 본래의 발음에 따라 표기한다.

- 이글이글[이글리글/이그리글], 이죽이죽[이중니죽/이주기죽], 야금야금[야금냐금/야그먀금], 검열[검:녈/거:멸], 욜랑욜랑[욜랑뇰랑/욜랑욜랑], 금융[금늉/그뮹]

그러나 다음과 같은 단어에서는 'ㄴ(ㄹ)' 음을 첨가하여 발음하지 않는다.

- 6·25[유기오], 3·1절[사밀쩔], 송별연[송:벼련], 등용문[등용문]

한편 'ㄹ' 받침 뒤에서 첨가되는 'ㄴ'은 [ㄹ]로 동화시켜 발음하기에 '수원역'은 [수원녁]으로 발음하지만 '서울역'은 [서울녁]을 거쳐 [서울력]으로 발음한다. '유월 유두'도 [유월류두]로 발음한다. 그런데 소리의 첨가가 없을 경우에는 자연히 앞의 자음을 연음하여 발음한다. 따라서 'ㄹ'의 첨가도 사전에 표시되어야 한다.

- 절약[저략], 월요일[워료일], 목요일[모교일], 금요일[그묘일]

(3) 축약

축약은 두 개의 음운이 하나의 음운으로 줄면서 두 음운의 특성을 가진 다른 음운으로 바뀌는 현상이다. 축약은 모음 축약과 자음 축약이 있는데, 여기서는 자음 축약에 대해서 살펴보자. 받침 'ㄱ, ㄷ, ㅂ, ㅈ'과 'ㅎ'이 결합하거나 받침

'ㅎ'이 'ㄱ, ㄷ, ㅂ, ㅈ'과 결합해서 'ㅋ, ㅌ, ㅍ, ㅊ'이 되는 현상을 거센소리되기라고 한다. 이 경우에도 소리 나는 대로 로마자로 표기한다. 따라서 [조코]로 발음되는 '좋고'는 'joko'로 표기하고 [나치]로 발음되는 '낳지'는 'nachi'로 표기한다.

다만, 체언에서 'ㄱ, ㄷ, ㅂ' 뒤에 'ㅎ'이 따를 때에는 'ㅎ'을 밝혀 적는다. 즉, '묵호'는 [무코]로 발음되지만 'Mukho'로 표기하고, '집현전'은 [지편전]으로 발음되지만 'Jiphyeonjeon'으로 표기한다. 그리고 '북한산'은 [부칸산]으로 발음되지만 'Bukhansan'으로 표기한다. 국립국어원 '온라인 가나다'(2008. 01. 21.)에 따르면 사람들은 '묵호'가 [무코]로 발음된다는 것을 잘 이해하지 못한다고 한다. 이는 로마자 표기법 개정 시안을 공개하고 여론을 수렴하기 위해 전국적으로 순회 토론회를 여는 동안 확인된 것이라고 한다. 즉 일반인들이 쉽게 이해하고 적용할 수 있도록 하기 위해서 거센소리되기 현상의 경우 원칙에 벗어나는 예외를 인정한 것이다.

기출 분석

[2014, 1차 경찰 20번 ④ 'Ojukeon → Ojukheon']
[2014, 사회복지 1번 ④ 'Sinchang-eup']
[2004, 서울 9급(6월) 20번 ⑤ 'nahji → nachi']
[2012, 서울 9급 15번 ③ 'Jiphyeonjeon']
[2010, 지방 9급 8번 ③ 'joko']
[2012, 지방 9급 1번 ① 'Muko → Mukho', ③ 'Gyeongphodae→ Gyeongpodae', ④ 'Pyeongchang']
[2009, 지방 7급 2번 ④ 'Paldang']
[2011 국가 7급 1번 ① 'Ojukheon']
[2013, 국가 7급 5번 ④ 'Hahoetal']
[2015, 기상 1번 ③ 'Bukhansan']
[2014, 국회 9급 6번 ① 'Jipyeonjeon → Jiphyeonjeon']

'오죽헌'은 [오주컨]으로 소리 나지만 고유 명사이므로 'Ojukeon으로 표기하지 않고 'Ojukheon'으로 표기한다. 이에 반해 '낳지'는 [나치]로 발음되는, 용언의 활용형이므로 'nachi'로 표기한다.

'ㅋ, ㅌ, ㅍ, ㅊ'는 'ㄱ, ㄷ, ㅂ, ㅈ'과 'ㅎ'이 결합한 소리인 것은 맞지만 원래부터 'ㅋ, ㅌ, ㅍ, ㅊ'인 것은 거센소리로 표기한다. 그래서 '경포대', '평창', '팔당' 등은 'p'로 표기한다. 거센소리가 아니었던 것이 거센소리로 발음될 때에만 이 규정이 적용된다.

(4) 된소리되기

된소리되기란 예사소리였던 소리가 된소리로 바뀌는 현상을 말한다. 국어에서 된소리되기는 여러 가지 환경에서 일어나는데, 정리하면 <표 10>과 같고 그 용례는 다음과 같다.

표 10 국어의 된소리되기

	앞 음운	뒤 음운	뒤 음운의 발음
1	'ㄱ(ㄲ, ㅋ, ㄳ, ㄺ), ㄷ(ㅅ, ㅆ, ㅈ, ㅊ, ㅌ), ㅂ(ㅍ, ㄼ, ㄿ, ㅄ)'	ㄱ, ㄷ, ㅂ, ㅅ, ㅈ	ㄲ, ㄸ, ㅃ, ㅆ, ㅉ
2	어간 받침 'ㄴ(ㄵ), ㅁ(ㄻ)'	ㄱ, ㄷ, ㅅ, ㅈ	ㄲ, ㄸ, ㅆ, ㅉ
3	어간 받침 'ㄼ, ㄾ'	ㄱ, ㄷ, ㅅ, ㅈ	ㄲ, ㄸ, ㅆ, ㅉ
4	한자어 'ㄹ' 받침	ㄷ, ㅅ, ㅈ	ㄸ, ㅆ, ㅉ
5	관형사형 어미 '-(으)ㄹ'	ㄱ, ㄷ, ㅂ, ㅅ, ㅈ	ㄲ, ㄸ, ㅃ, ㅆ, ㅉ
6	'-(으)ㄹ'로 시작되는 어미	ㄱ, ㄷ, ㅂ, ㅅ, ㅈ	ㄲ, ㄸ, ㅃ, ㅆ, ㅉ

(1) 막다[막따], 부엌도[부억또], 넋도[넉또], 읽다[익따]
    닫다[닫따], 책이었다[책이얻따], 낫도[낟또], 낮도[낟또], 밭과[받꽈]
    잡다[잡따], 밟다[밥:따], 읊고[읍꼬], 값도[갑또]
(2) 신고[신:꼬], 앉고[안꼬], 삼고[삼:꼬], 닮고[담:꼬]
(3) 넓게[널께], 핥다[할따]
(4) 갈등[갈뜽], 발동[발똥], 절도[절또]
(5) 할 것을[할꺼슬], 갈 데가[갈떼가], 할 바를[할빠를], 할 수는[할쑤는]
(6) 할걸[할껄], 할밖에[할빠께], 할세라[할쎄라]

(2)의 경우에는 예외가 있다. 즉 피동, 사동의 접미사 '-기-'는 된소리로 발음하지 않는다. 그래서 '안기다[안기다], 굶기다[굼기다]'로 발음한다. (3)의 경우에도 예외가 있다. 'ㄼ'으로 끝나는 체언 뒤에 'ㄱ, ㄷ, ㅂ' 등의 조사가 연결될 때에는 된소리로 발음하지 않으므로 '여덟과[여덜과], 여덟도[여덜도], 여덟보다[여덜보다]'로 발음한다. (4)도 예외가 있는데, 같은 한자가 겹쳐진 단어의 경우에는 된소리로 발음하지 않는다. 따라서 '허허실실(虛虛實實)'과 '절절하다(切切-)'는 각각 [허허실실], [절절하다]로 발음한다.

그런데 국어의 로마자 표기법 제3장 제1항 4의 [붙임]에서는 된소리되기는 표기에 반영하지 않는다고 한다. '낙동강'은 우리말 된소리되기 규칙에 따라 [낙똥강]으로 발음되지만 'Nakdonggang'으로 표기하는 것이다. '샛별', '울산'이 각각 [샏뼐], [울싼]으로 발음되지만 'saetbyeol', 'Ulsan'으로 표기하는 것도 이 때문이다. 이처럼 국어의 로마자 표기법에서 된소리되기를 표기에 반영하지 않는 이유는 된소리되기 현상은 환경이 같은데도 결과가 같지 않은 경우가 있기 때문이다.

여기서 [샏뼐]에 대해서는 좀 더 살펴볼 필요가 있다. '샛별'의 'ㅅ'은 사이시옷이기에 [새뼐] 또는 [샏뼐]로 발음된다. 일단 'ㅂ'이 된소리 'ㅃ'으로 발음되었기에 'pp'로 표기할 수는 없다. 그렇다면 'saebyeol'로 표기하는 것은 가능할까? 어문 규정집에는 '샛별'을 [샏뼐]의 발음을 토대로 하여 'saetbyeol'로 제시하고 있다. 국립국어원의 '온라인 가나다'(2013. 04. 24)를 참고하면, 이렇게 국어의 로마자 표기의 기준을 허용 발음으로 정한 것은 사이시옷의 복원력을 고려했기 때문이라고 한다. 예를 들어 외국인이 'saebyeol[새별]'로 발음하면 우리나라 사람들은 '사이시옷'의 유무를 판단할 수 없기 때문에 '샛별'의 의미를 유추하기 어렵다고 한다. 따라서 국어의 로마자 표기에서는 '샛별(saetbyeol)'과 같이 사이시옷이 들어간 단어들은 'ㅅ'을 't'으로 표기한 형태뿐이다. 이렇게 국어의 로마자 표기는 복수 표기를 인정하지 않는다. 따라서 표준 발음법에서 복수 발음을 인정하더라도 표기를 할 때는 원칙적인 발음을 기준으로 표기해야 한다. 복수 발음은 <표준국어대사전>에 '/'로 표시되어 있는데, 기호 '/'의 왼쪽에는 원칙적인 발음이, 오른쪽에는 허용되는 발음이 제시되어 있다. 사이시옷이 들어간 단어의 로마자 표기만 허용 발음을 기준으로 하고 있다.

한편, 도로명 주소가 상용화되면서 사이시옷 표기가 문제가 되었다. 그래서 국립국어원에서는 2001년 6월 20일에 '도로명(○○길)의 사이시옷 표기'에 관한 공청회를 개최한 바 있다. 공청회 이후 논의되었던 사항들은 2001년 8월 4일 국어심의회에서 다시 한 번 심의를 거친 후 '새주소 부여사업'의 하나로 새로 명명하고 있는 도로명 고유명사 '○○길'에는 사이시옷을 받쳐 적지 않기로 했다. 그래서 '개나릿길'이 아니라 '개나리길'로 표기하므로 그 로마자 표기도 'Gaenarigil'이다. 이렇게 사이시옷을 받쳐 적지 않는 이유는 몇 가지가 있다. 첫째, 새로 이름 붙이는 도로명이기 때문에 현실 발음이 된소리라고 할 명확한 증거를 찾기 어렵기 때문이다. 둘째, 복합어에서만 된소리가 생기는 것이 아니라 구에서도 된소리 발음이 날 수 있기 때문이다. 셋째, 도로명 '○○길'은 '개나리길', '개나리1길', '개나리2길'과 같이 '○○+길'로 분리되는 성질이 있어 구로 보는 것이 타당하기 때문이다. 넷째, '○○길'은 한글 맞춤법 제49항에서 규정하고 있는 고유 명사에 속한다고 할 수 있으므로 띄어 쓰는 것이 원칙이되 붙여 쓸 수도 있기 때문이다.

기출 분석

[2014, 1차 경찰 20번 ③ 'saetbyeol']
[2006, 국회 8급 7번 ③ 'Apgujeong-dong']
[2013, 국회 9급 7번 ⑤ 'Gogseong → Gokseong']
[2008, 서울 9급 16번 ① 'Gyeongbok-gung → Gyeongbokgung', ② 'Nakseongdae']
[2011, 서울 9급 3번 ④ 'Gyeongbokgung']
[2012, 서울 9급 15번 ② 'saetbyeol']
[2006, 경남 9급 9번 ④ 'Ulsan']
[2009, 지방 7급 2번 ④ 'Paldang']
[2009, 지방 9급 2번 ① 'Nakdonggang']
[2010, 지방 9급 8번 ④ 'Nakddonggang → Nakdonggang']
[2011, 국가 7급 1번 ③ 'Gyeongbokgung']
[2015, 지방 교육(한문) 3번 ① 'Anabjji → Anapji']

'압구정', '곡성', '경복궁', '팔당', '안압지' 등의 표준 발음은 [압꾸정], [곡썽], [경복꿍], [팔땅], [안압찌]이지만 된소리를 표기해서는 안 된다. 된소리되기와 국어의 로마자 표기법과 관련해서 유의해야 할 것은 원래부터 된소리였던 것은 표기에 반영한다는 점이다. 된소리되기는 원래 된소리가 아니었던 것이 음운 환경에 따라 된소리로 발음되는 것이다. 그래서 '된장찌개'의 경우 'doenjangjjigae'로 표기한다. 또한 영화 "싸울아비"(2001)는 'Saulabi'가 아니라 'Ssaurabi'로 표기해야 하고, "타짜"(Tazza: The High Rollers, 2006)는 'Tajja'로 표기해야 한다.

(5) 탈락

탈락은 두 음운 중에서 어느 하나가 없어지는 현상으로 다음과 같은 몇 가지 유형으로 나뉜다.

▣ 자음군 단순화

음절 끝에 두 개의 자음이 올 때, 이 중에서 한 자음이 탈락하는 현상을 자음군 단순화 규칙이라고 한다. 자음군 단순화 규칙은 뒤의 자음이 탈락하는 것과 앞의 자음이 탈락하는 것이 있다. 대부분의 경우 뒤의 자음이 탈락하는데, 'ㄳ', 'ㄵ', 'ㄼ, ㄽ, ㄾ', 'ㅄ'은 어말 또는 자음 앞에서 뒤의 자음을 탈락시켜 각각 [ㄱ, ㄴ, ㄹ, ㅂ]으로 발음한다.

- 몫[목], 얹다[언따], 얇다[얄ː따], 훑다[훌따]

다만 'ㄼ' 받침을 가진 말 중에서 '밟다'만은 뒤의 자음인 [ㅂ]을 발음한다.

- 밟다[밥ː따], 밟지[밥ː찌], 밟게[밥ː께]

'넓다'의 경우에도 [ㄹ]로 발음하여야 하나, 파생어나 합성어의 경우에 '넓'으로 표기된 것은 [넙]으로 발음한다. [ㄹ]로 발음되는 경우에는 아예 '널따랗다, 널찍하다, 짤따랗다, 짤막하다, 얄따랗다, 얄찍하다, 얄팍하다' 등과 같이 표기하도록 한글 맞춤법 제21항에서 규정하고 있다.

■ 넓적하다[넙쩌카다], 넓죽하다[넙쭈카다], 넓둥글다[넙뚱글다]

겹받침 'ㄺ, ㄻ, ㄿ'은 어말 또는 자음 앞에서 뒤의 자음을 탈락시켜 각각 [ㄱ, ㅁ, ㅂ]으로 발음한다.

■ 닭[닥], 흙과[흑꽈], 삶[삼:], 읊다[읍따]

단, 용언의 어간 말음 'ㄺ'은 'ㄱ'으로 시작하는 어미 앞에서 [ㄹ]로 발음한다.

■ 맑게[말께], 늙게[늘께], 읽고[일꼬]

따라서 '밟는'의 표준 발음은 [밥:는]을 거쳐 비음화된 [밤:는]이다. '읽는다'도 [익는다] → [잉는다]로 발음해야 한다. '핥는다'는 [할는다] → [할른다]로 발음하는 것이 표준이다.

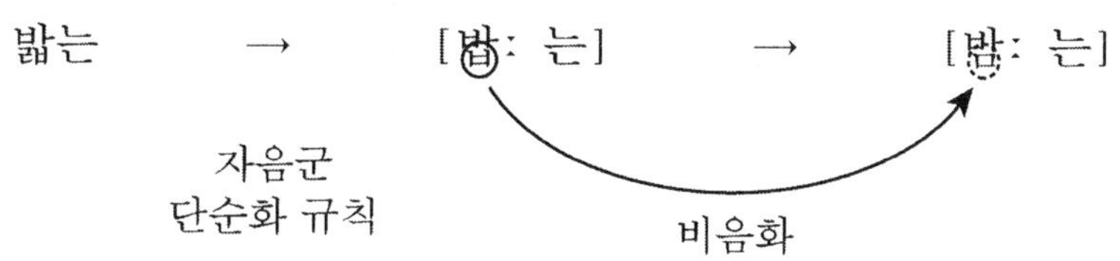

▣ 'ㅡ' 탈락

어간 끝 모음 'ㅡ' 뒤에 모음으로 시작하는 어미가 올 때 'ㅡ'가 탈락하는 현상이다.

■ 크+어서[커서], 담그+아서[담가서] 잠그+아[잠가]

▣ 'ㅎ' 탈락

'ㅎ'을 받침으로 가진 말은 모음 앞에서 'ㅎ'이 탈락한다. 또한 'ㄶ', 'ㅀ'의 'ㅎ'도 모음 앞에서 탈락한다.

■ 좋+아서[조아서], 끊어서[끈어서]

그리고 'ㄶ', 'ㅀ'으로 끝나는 말 다음에 'ㄴ'으로 시작하는 어미가 오면 'ㅎ'이 탈락한다. 'ㅀ' 받침을 가진 말 다음에 'ㄴ'이 오면 받침 중 'ㅎ'은 탈락하고 앞에 오는 'ㄹ'의 영향으로 'ㄴ'은 유음화된다.

■ 않는다[안는다]
■ 잃는다[일른다], 앓는다[알른다]

또한 'ㅎ'으로 끝나는 말 뒤에 'ㄴ'으로 시작하는 말이 오면 'ㅎ'은 'ㄴ'으로 발음된다.

■ 낳는다[난는다]

▣ 'ㄹ' 탈락

'ㄹ' 탈락은 두 가지 유형이 있다. 첫 번째 유형은 용언의 활용 과정에서 어간의 'ㄹ'이 탈락하는 것이다. 즉 어간 끝 받침 'ㄹ'이 어미의 첫소리 'ㄴ, ㅂ, ㅅ' 및 '-(으)오, -(으)ㄹ' 앞에서 탈락한다.

■ 잘 살+(네, 세, 오) → 잘 사(네, 세, 오)

두 번째는 합성어, 파생어 형성 과정에서의 'ㄹ'이 탈락하는 것으로 'ㄹ' 뒤에

'ㄴ, ㄷ, ㅅ, ㅈ' 올 때 'ㄹ'이 탈락할 수도 있다.

■ 솔+나무 → 소나무, 달+달+이 → 다달이, 바늘+질 → 바느질

03. 그 밖의 조항

여기서는 제3장 표기상의 유의점 중에서 나머지 조항을 살펴보기로 하자.

> 제2항 발음상 혼동의 우려가 있을 때에는 음절 사이에 붙임표(-)를 쓸 수 있다.

'반구대'는 'Bangudae'로 표기해야 한다. 그런데 'Bangudae'는 'Bang/u/dae'로 분석하면 [방우대]로 읽을 수도 있기 때문에 'Ban-gudae'처럼 붙임표를 넣을 수 있다는 규정이다. '해운대' 역시 'Haeundae'로 표기하면, 'Ha/eun/dae'로 분석하여 '하은대'로 읽을 수 있기 때문에 'Hae-undae'처럼 붙임표를 넣을 수도 있다.

> 제3항 고유 명사 표기에서 첫 글자를 대문자로 적는다.

그러므로 '부산'은 'Busan', '세종'은 'Sejong'으로 표기한다.

> 제4항 인명은 성과 이름의 순서로 띄어 쓰고, 이름은 붙여 쓰는 것을 원칙으로 하되 음절 사이에 붙임표(-)를 쓰는 것을 허용한다.
> (1) 이름에서 일어나는 음운 변화는 표기에 반영하지 않는다.
> (2) 성의 표기는 따로 정한다.

한글 맞춤법 48항에서는 성과 이름을 붙여 쓰지만 국어의 로마자 표기법에서는 띄어 쓴다. 이 규정에 따라 '민용하'는 'Min Yongha' 또는 'Min Yong-ha', '송나리'는 'Song Nari' 또는 'Song Na-ri'로 적는다. 영화 "황진이"(Hwang Jin Yi, 2007)도 'Hwang Jin i'로 표기하는 것이 국어의 로마자 표기법에 맞다.

제4항 (1)에 의해 '한복남'는 [한봉남]으로 소리 나지만 'Han Boknam', 'Han

Bok-nam' 등으로 표기한다. 그 이유는 이름에서 일어나는 음운 변동을 표기에 반영하면, 또 다른 이름인 '한봉남'과 구분이 되지 않기 때문이다. 그런데 용례인 '홍빛나'는 'Hong Bitna' 또는 'Hong Bit-na'로 표기한다. 'ㅊ'을 'ch'로 표기하지 않고, 음절의 끝소리 규칙이 적용된 't'로 표기한다. 이를 미루어 볼 때, 음절의 끝소리 규칙은 적용하되, 이름과 이름 사이에서 일어나는 음운 변동 현상은 표기에 반영하지 않는 것으로 볼 수 있다. 따라서 '맑음', '밝음'이 사람의 이름이라면 자음군 단순화 규칙이 적용된 'Mak-eum', 'Bak-eum'으로 표기해야 하는지 연음된 발음대로 표기해야 하는지는 규정되지 않았다. 한편 '박민국'처럼 성과 이름에서 일어나는 음운 변동의 표기법 반영 여부에 대해서는 명확하게 규정하고 있지는 않다. 하지만 성과 이름 사이에서 일어나는 음운 변동을 반영하게 되며 '박'과 '방'의 성의 표기가 같아지는 경우가 생길 수 있기에 반영하지 않는 것이 맞을 것이다.

제4항 (2)에서는 "성의 표기는 따로 정한다."고만 규정하고 있다. 이처럼 성의 표기를 따로 정하기로 한 것은 그렇게 하지 않으면 사람들이 실제로 사용하고 있는 표기와 너무 달라서 로마자 표기법이 유명무실해지기 때문이다. 그런데 성씨 표기 방안이 마련되지 않다가 지난 2009년 "성씨 로마자 표기 방안 마련을 위한 공청회"가 개최되었다. 여기서는 다음과 같은 시안을 마련했다(국립국어원: 2009, 10)

□ 성씨의 표기는 로마자 표기법의 규칙에 따라 표기하는 것을 원칙으로 한다.
  예) 박 Bak, 정 Jeong, 최 Choe, 조 Jo, 유 Yu
□ '이, 오, 아, 우'는 각각 Yi, Oh, Ah, Wu로 적는 것을 원칙으로 한다.
□ 'ㄱ'으로 시작하는 성씨는 G대신 K로 적는 것을 원칙으로 한다.
  예) 김 Kim, 강 Kang, 권 Kwon, 구 Ku

하지만 이것이 잘 지켜질지는 의문스럽다. 성씨 로마자 표기 실태 조사(국립국어원: 2009, 10)에서는 '박'의 경우 'Park'으로 사용하는 경우가 97%가 넘는다.

제5항 '도, 시, 군, 구, 읍, 면, 리, 동'의 행정 구역 단위와 '가'는 각각 'do, si, gun, gu, eup, myeon, ri, dong, ga'로 적고, 그 앞에는 붙임표(−)를 넣는다. 붙임표(−) 앞뒤에서 일어나는 음운 변화는 표기에 반영하지 않는다.

충청북도 Chungcheongbuk-do	제주도 Jeju-do
의정부시 Uijeongbu-si	양주군 Yangju-gun
도봉구 Dobong-gu	신창읍 Sinchang-eup
삼죽면 Samjuk-myeon	인왕리 Inwang-ri
당산동 Dangsan-dong	종로 2가 Jongno 2(i)-ga
봉천 1동 Bongcheon 1(il)-dong	퇴계로 3가 Toegyero 3(sam)-ga

[붙임] '시, 군, 읍'의 행정 구역 단위는 생략할 수 있다.

청주시 Cheongju　　함평군 Hampyeong　　순창읍 Sunchang

제5항에 따라 '도, 시, 군, 구, 읍, 면, 리, 동'의 행정 구역 단위를 표기할 때는 고유 명사와 행정 구역 단위를 나타내는 로마자 사이에 붙임표(-)를 넣는다. 그런데 붙임표 앞뒤에서 일어나는 음운 변화는 표기에 반영하지 않는다.

기출 분석

[2010, 소방, 16번 ① 'Jeonjoo → Jeonju', ② 'Seosan', ④ 'chonggyechon → Cheonggyecheon']
[2014, 경찰 1차, 20번 ② 'Sejong-ro']
[2013, 국가 7급, 5번 ① 'Inwang-li → Inwang-ri']
[2015, 지방 교육(한문) 3번 ③ 'Samjung-myeon → Samjuk-myeon']

'삼죽면'은 [삼중면]으로 소리 나지만 붙임표(-) 앞뒤에서 일어나는 음운 변화는 표기에 반영하지 않으므로 'Samjung-myeon'이 아닌 'Samjuk-myeon'으로 표기한다.

제6항 자연 지물명, 문화재명, 인공 축조물명은 붙임표(-) 없이 붙여 쓴다.

남산 Namsan	속리산 Songnisan
금강 Geumgang	독도 Dokdo
경복궁 Gyeongbokgung	무량수전 Muryangsujeon
연화교 Yeonhwagyo	극락전 Geungnakjeon
안압지 Anapji	남한산성 Namhansanseong
화랑대 Hwarangdae	불국사 Bulguksa
현충사 Hyeonchungsa	독립문 Dongnimmun
오죽헌 Ojukheon	촉석루 Chokseongnu
종묘 Jongmyo	다보탑 Dabotap

제6항에 의해 자연 지물명, 문화재명, 인공 축조물명 등은 소리 나는 대로 표기해야 한다. 그래서 '독립문'은 그 발음인 [동님문]에 따라 'Dongnimmun'으로 표기한다.

기출 분석

[2008, 서울 9급 16번 ① 'Gyeongbok-gung → Gyeongbokgung']
[2015, 국회 9급 4번 ④ 'Dabotab → Dabotap']

제7항 인명, 회사명, 단체명 등은 그동안 써 온 표기를 쓸 수 있다.

2000년에 개정된 국어의 로마자 표기법 이전부터 써 오던 인명, 회사명, 단체명 등은 기존의 것을 사용할 수 있다. 이전부터 외국에 알려진 것들을 갑자기 바꾸기는 어렵기 때문이다. 그래서 현행 국어의 로마자 표기법에 따르면 'gimchi'로 표기하는 것이 맞지만 그동안 써 온 'kimchi'도 인정한다는 것이다. 또한 우리나라 기업인 '삼성', '대우', '현대' 등은 원칙적으로는 'Samseong',

'Daeu', 'Hyeondae'로 표기해야 하지만 그동안 써 왔던 'Samsung', 'Daewoo', 'Hyundai' 등을 사용할 수 있다. 그런데 잘 알려진 이런 표기에 이끌려 '성'이나 '우'를 'sung', 'woo' 등으로 표기해서는 안 된다. 실제 "무도리"(Moodori, 2006) 처럼 표기되기도 한다.

> 제8항 학술 연구 논문 등 특수 분야에서 한글 복원을 전제로 표기할 경우에는 한글 표기를 대상으로 적는다. 이 때 글자 대응은 제2장을 따르되 'ㄱ, ㄷ, ㅂ, ㄹ'은 'g, d, b, l'로만 적는다. 음가 없는 'ㅇ'은 붙임표(−)로 표기하되 어두에서는 생략하는 것을 원칙으로 한다. 기타 분절의 필요가 있을 때에도 붙임표(−)를 쓴다.

제8항은 한글 복원을 전제로 하는 경우 전음법이 아닌 전자법에 따라 표기할 수 있다는 규정이다. 그래서 실제 발음대로 적으면 같은 'jip'이 되지만 전자법에 따라 적으면 '집'은 'jib'이 되고, '짚'은 'jip'으로 표기한다.

지금까지 살펴본 국어의 로마자 표기법을 예외를 중심으로 정리하면 아래와 같다.

표 11 국어의 로마자 표기법 정리

기본 원칙	예외
제1항	표준 발음법에 따르면 'ㅢ'는 [ㅣ]나 [ㅔ]로 발음하지만 'ui'로 표기 • 광희문[광히문] 'Gwanghuimun'
	체언에서 'ㄱ, ㄷ, ㅂ' 뒤에 'ㅎ'이 따를 때에는 'ㅎ'을 밝혀서 표기 • 묵호[무코]는 'Mokho'로 표기
	된소리되기는 표기에 반영하지 않음.
	사이시옷이 들어간 단어들은 'ㅅ'을 't'로 표기
	이름에서 일어나는 음운 변화는 표기에 반영하지 않음. 성과 이름에서 일어나는 음운 변화는 표기에 반영하지 않음.
	'도, 시, 군, 구, 읍, 면, 리, 동'의 행정 구역 단위 앞에는 붙임표(-)를 넣고, 그 앞뒤에서 일어나는 음운 변화는 표기에 반영하지 않음. • 삼죽면 Samjuk-myeon

<table>
<tr><th>기본 원칙</th><th colspan="3">예외</th></tr>
<tr><td rowspan="3">제2항</td><td colspan="3">발음상 혼동의 우려가 있을 때에는 음절 사이에 붙임표(-) 사용 가능
• Bangudae/Ban-gudae</td></tr>
<tr><td colspan="3">이름은 붙여 쓰는 것을 원칙으로 하되 음절 사이에 붙임표(-) 허용
• Min Yongha/Min Yong-ha</td></tr>
<tr><td colspan="3">‘도, 시, 군, 구, 읍, 면, 리, 동’의 행정 구역 단위 앞에는 붙임표(-) 사용
• Yangju-gun
붙임표 앞뒤에서 일어나는 음운 변화는 표기에 반영하지 않음.</td></tr>
<tr><td rowspan="6">파열음 ‘ㄱ, ㄷ, ㅂ’</td><td rowspan="3">모음 앞</td><td>g</td><td>구미 Gumi</td></tr>
<tr><td>d</td><td>영동 Yeongdong</td></tr>
<tr><td>b</td><td>호법 Hobeop</td></tr>
<tr><td rowspan="3">자음 앞이나 어말</td><td>k</td><td>칠곡 Chilgok</td></tr>
<tr><td>t</td><td>벚꽃[벋꼳] beotkkot</td></tr>
<tr><td>p</td><td>합덕 Hapdeok</td></tr>
<tr><td rowspan="3">유음 ‘ㄹ’</td><td>모음 앞</td><td>r</td><td>설악 Seorak</td></tr>
<tr><td>자음 앞이나 어말</td><td>l</td><td>임실 Imsil</td></tr>
<tr><td>‘ㄹㄹ’</td><td>ll</td><td>울릉 Ulleung</td></tr>
</table>

제 3 부

다듬은 말(순화어)

다듬은 말(순화어)이란 불순한 요소를 없애고 깨끗하고 바르게 다듬은 말을 일컫는다. 즉 지나치게 어려운 말, 비규범적인 말, 외래어 등을 알기 쉬운 말, 규범적인 말, 고유어로 바꾼 것이 다듬은 말이다. 국립국어원에서는 2002년까지 행정, 정치, 경제 등의 여러 분야에서 쓰이는 21,000여 개의 용어를 다듬었고 지금도 하고 있다. 다듬은 말 중에는 다듬은 말만 쓰는 것과 다듬은 말로 쓰기를 권고한 것, 둘 다 써도 좋은 것이 있다. 이 중에는 일본어 투가 많다.

기출 분석

[2011, 소방 7번 ① '저촉 → 걸리다', ② '용이 → 쉽다', ③ '촉수 엄금 → 손대지 마십시오.', ④ '은닉 → 숨기다']

[2008, 국회 8급 13번 ① '구좌 → 계좌, 수순 → 절차', ② '포스트잇 → 붙임쪽지, 이모티콘 → 그림말', ③ '생방송 → 현장 방송, 가건물 → 임시건물', ④ '매점 → 사재기, 미제 사건 → 처리 안 된', ⑤ '곤색 → 감색, 기스 → 흠']

[2009, 국회 9급 8번 ① '고수부지 → 둔치', ② '마구로 → 다랑어', ③ '노견 → 갓길', ④ '다대기 → 다진 양념', ⑤ '시말서 → 경위서']

[2012, 국회 8급 10번 ① '생방송 → 현장 방송', ② '척사 → 윷놀이', ③ '은닉하다 → 숨기다', ④ '양생 → 굳히기', ⑤ '가처분 → 임시 처분']

[2014, 서울 7급 14번 ① '몽리자 → 수혜자', ② '은비 → 숨기다', ③ '해태하다 → 게을리하다', ④ '구거 → 도랑', ⑤ '위기하다 → 내버려두다']

[2013, 서울 7급 5번 ① '돈가스 → 돼지고기 튀김', ② '뗑깡 → 생떼', ③ '뗑뗑이 → 물방울(무늬)', ⑤ '아나고 → 붕장어']

[2012, 상반기 지방 9급 7번 ① '저촉 → 걸리다', ② '가일층 → 한층 더', ③ '대절 → 전세', ④ '매점 → 사재기']

[2011, 지방 7급 15번 ① '송달 → 띄움, 보냄', ② '철회' → '거두어 들임', ③ '수순 → 절차, 순서', ④ '시건장치 → 잠금장치']

[2006, 국가 9급 11번 ① '비상변 → 비상버튼, 비상밸브', ② '체결 → 연결', ③ '시말서 → 경위서', ④ '마스터 플랜 → 종합 계획, 기본 계획, 기본 설계']

[2006, 대전 13번 <보기> '댓글' ① '웰빙 → 참살이', ② '오프라인 → 현실공간', ③ '로고송 → 상징노래', ④ '이모티콘 → 그림말']

01. 다듬은 말(순화어)

이 장에서는 "일본어 투 용어 순화 자료집"(2005) 중에서 일상적으로 많이 사용하는 말들을 정리했다. 이 자료집은 1995년 문화관광부가 펴낸 "일본어 투 생활 용어 순화집"과 1996년 국립국어원이 펴낸 "일본어 투 생활 용어 사용 실태 조사"를 바탕으로 어원과 용례를 보완한 것인데, 여기서는 용례는 생략했다. 아래 표에서 다듬기 전에 진하게 표시된 말들은 <표준국어대사전>에 등재되지 않은 말이고, 다듬은 말에 진하게 표시된 것은 다듬은 말만 사용해야 한다는 표시이다. 아무런 표시가 없는 것은 <표준국어대사전>에 등재되어 있고, 다듬은 말도 함께 제시된 것들이 대부분이다.

다듬기 전	다듬은 말	다듬기 전	다듬은 말
가라(空, から)	가짜, 헛-	사루비아(サルビア, salvia)	**샐비어**
가건물(假建物, かりたてもの)	임시 건물	사바사바하다(さばさば)	협잡하다, 짬짜미하다.
가부라(鏑, かぶら)	(밭)접단, 끝 접기	사시미(刺身, さしみ)	**생선회**
가오(顔, かお)	① 얼굴 ② 체면	사양(仕樣, しよう)	설명(서), 품목
가일층(加一層)	한층 더, 더 한층	사양서(←仕樣書, しようがき)	**설명서**
가차압(假差押, かりさしおさえ)	임시 압류	사이키 psychedelic	깜빡이, 깜빡이 조명
가케우동(掛け饂飩, かけうどん)	가락국수	사쿠라(櫻, さくら)	**벚꽃**
가쿠(額, がく)	틀, 액자	샷다(←シャッター, shutter)	덧닫이, 여닫개, **셔터**
간지(感じ, かんじ)	느낌	**소라색**(空色, そらいろ)	하늘색, 하늘 빛깔
개소(個所, かしょ)	군데	소보로빵(そぼろパン, そぼろ)	**곰보빵**
거래선(去來先, きょらいさき)	거래처	소사(小使, こづかい)	사환, 사동

다듬기 전	다듬은 말	다듬기 전	다듬은 말
견습(見習, みならい)	**수습**	송달(送達)	보냄, 띄움
견양(見樣, みよう)	서식, 보기, 본(보기)	쇼바 アブショバ, shock absorber	완충기
견출지(見出紙,みだし)	찾아보기 표, 찾음표	수순(手順)	순서, 절차, 차례
결석계(缺席屆, けつせきとどけ)	결석신고(서)	**수입고**(輸入高, ゆにゅうだか)	수입량
경어(敬語, けいご)	높임말, 존댓말	**수입선**(輸入先, ゆにゅうさき)	수입처, 수입국
계란마키(卵巻き, たまごまき)	달걀말이, 계란말이	수출고(輸出高, ゆしゅつだか)	수출량
고로케(←コロッケ, <프> croquette)	**크로켓**	수확고(收穫高, しゅうかくだか)	수확량, 소출
고수부지(高水敷地, -しきち)	둔치 (마당), 강턱	숙박계(宿泊屆, しゅくはくとどけ)	숙박 장부
고참(古參, こさん)	선임(자), 선참(자)	**스시**(鮨/壽司, すし)	초밥
곤로(焜爐, こんろ)	풍로, 화로	승환(乘換, ←乗り換え(のりかえ)	갈아타기
곤색(紺色, こんいろ)	**감색**(紺色)	시건장치(施鍵裝置)	잠금장치
공차(空車, からぐるま/くうしゃ)	빈 차	시말서(始末書)	경위서
구거(溝渠)	도랑	**신삥**(←新品, しんぴん)	새것, 신품
구리스(グリース, grease)	윤활유, 그리스	십팔번(十八番, じゅうはちばん)	단골 장기, 단골 노래
구배(勾配, こうばい)	물매, 기울기, 오르막, 비탈	**쓰레빠**(←スリッパ, slipper)	실내화, 슬리퍼
구세(癖, くせ)	버릇, 습관	쓰메에리(詰襟, ←詰め襟(つめえり)	깃닫이 (양복)
구인(拘引, こういん)	끌어감	쓰메키리(爪切り, つめきり)	**손톱깎이**
구입선(購入先, こうにゅうさき)	구입처	쓰봉(←ズボン)	**양복바지**
구좌(口座, こうざ)	계좌	**쓰키다시**(突き出し, つきだし)	곁들이 (안주)

다듬기 전	다듬은 말	다듬기 전	다듬은 말
금회(今回, こんかい)	**이번**	아나고(穴子, あなご)	**붕장어**
급사(給仕, きゅうじ)	사환, 사동	**아부라게** (油揚, あぶらげ)	유부
기라성 (綺羅星, きらぼし)	빛나는 별	**아시바**(足場, あしば)	발판, 비계
기리(錐, きり)	송곳	**아이노리** (相乗り, あいのり)	승합, 합승
기스(←傷, きず)	흠(집)	앙꼬(←餡子, あんこ)	팥소
기지(生地, きじ)	천	애자(碍子, がいし)	뚱딴지
낑깡	**금감**	야미(闇, やみ)	**뒷거래**
나대지 (裸垈地, はだか)	빈 집터	**야키만두**(燒き饅頭, やきまんじゅう)	군만두
나베우동 (鍋饂飩, なべうどん)	냄비국수	양생 (養生, ようじょう)	굳히기
남바(ナンバー, number)	번호, 호(수), 넘버	양자(陽子, ようし)	양성자
노견(路肩, ろかた)	**갓길**	어획고(漁獲高, ぎょかくだか)	어획량
니빠(←ニッパー, nipper)	니퍼, 족집게	**에리**(襟, えり)	깃
다대기(たたき)	다짐, 다진 양념	엽연초(葉煙草, はタバコ)	잎담배
다라이(盥, たらい)	(큰) 대야, 함지(박)	오다 (オーダー, order)	지시, 청구, 주문
다마네기 (玉葱, たまねぎ)	**양파**	오도리(踊り, おどり)	산 새우
다시(出し, だし)	맛국물	오바(オーバー, ←overcoat)	**외투, 겉옷, 오버코트**
다시 (←ダッシュ, dash)	**줄표, 대시**	오봉(御盆, おぼん)	**쟁반**
다이(臺, だい)	**대, 받침(대)**	오프라인(off-line)01	따로잇기, 따로이음
다이알 (←ダイヤル, dial)	번호판, 글자판, 시간표, 다이얼	오프라인(off-line)02	현실 공간

다듬기 전	다듬은 말	다듬기 전	다듬은 말
단도리 (段取り, だんどり)	채비, 단속	와사비(山葵, わさび)	**고추냉이**
닭도리탕 (-鳥湯-, -とり-)	**닭볶음탕**	왔다리갔다리(←いったりきたり)	왔다 갔다
대절(貸切, かしきり)	전세	요지(楊枝, ようじ)	**이쑤시개**
데코보코 (凹凸, でこぼこ)	울퉁불퉁, 올록볼록, 요철	우동(←饂飩, うどん)	**가락국수**
도라이바 (ドライバ, driver)	나사돌리개, 드라이버	우라(裏, うら)	**안감**
돈가스(豚(とん)カツ, ポークカツ(レツ)	돼지고기 튀김, 돼지고기 너비 튀김, 돼지고기 너비 튀김밥	**우와기** (上衣, うわぎ)	윗도리, 상의
딜레마(dilemma)	궁지, 진퇴양난	워커 (ウォーカー, walker)	**군화**
뗑깡(癲癇てんかん)	생떼	**웰빙**(well-being)	참살이
뗑뗑이(←點點-, てんてん-]	**물방울무늬**	**유도리**(←ゆとり)	융통, 여유
라지에타(ラジエーター, radiator)	**방열기, 라디에이터**	은닉(隱匿)	숨기다
레지 (レジ, ←register)	(다방) 종업원	은비(隱庇)	숨김
로고송(logo song)	상징노래	음용수(飮用水, いんようすい)	먹는 물, 마시는 물
리플(←reply)	댓글	자꾸 (←チャック, zipper)	**지퍼**
마구로(鮪, まぐろ]	다랑어	**자바라** (蛇腹, じゃばら)	주름상자, 주름 대롱
마대 (麻袋, あさぶくろ)	포대, 자루	**자부동**(←座布團, ざぶとん)	방석
마호병(魔法瓶, まほうびん)	보온병	자장(磁場, じじょう/じば)	자기장
마후라 (マフラー, muffler)	① 목도리 ② 소음기, 머플러	저촉(抵觸)	걸리다, 어긋나다

다듬기 전	다듬은 말	다듬기 전	다듬은 말
만땅(←満タン, ←-tank)	가득(채움/참)	전향적(前向的, ←前向き(まえむき)	적극적, 진취적, 앞서감
매물 (賣物, うりもの)	팔 물건, 팔 것	제전(祭典, さいてん)	축전, 잔치
매상금(賣上金, うりあげきん)	판매액	중매인(仲買人, なかがいにん)	거간, 거간꾼
매점(買占, かいしめ)	사재기	지라시 (散らし, ちらし)	선전지, 낱장 광고
메타기(メーター器, meter-)	계(량)기, 미터기	**지리**(←汁, じる)	싱건탕
멜로(극/물)(メロ, ←melodrama)	통속극	**지입**(持込, ←持ち込み(もちこみ)	가지고/갖고 들기
멸실 (滅失, めっしつ)	없어짐	지지미 (縮み, ちぢみ)	쫄쫄이
모찌(餅-, もち-)	**찹쌀떡**	징크스(jinx)	불길한 일
몸뻬(←もんぺ)	일 바지, 왜 바지	차장 (車掌, しゃしょう)	승무원
몽리자(蒙利者)	수혜자	철회(撤回)하다	거두어 들이다
무데뽀 muteppô	막무가내, 무모	촉수 엄금 觸手嚴禁	손대지 마십시오.
미숀(미숑) トランスシッション영 transmission	변속기, 트랜스미션	추리닝(←トレーニング, training)	연습복, 운동복
미싱 (←ミシン, machine)	재봉틀	축제 (祝祭, しゅくさい)	축전, 잔치
미제(未濟)	처리 안 된	취입(吹込, ←吹き込み(ふきこみ)	녹음
바란스(バランス, balance)	**균형, 밸런스**	취조(取調, ←取り調べ(とりしらべ)	문초
바로미터(barometer)	잣대, 지표, 척도	**칸데라**(カンデラ)	(촉)광
바리캉(←バリカン, <프> bariquant)	이발기	택배(宅配, たくはい)	집 배달, 문 앞 배달
바케쓰 (バケツ, bucket)	**들통, 양동이**	터키탕(←トルコ湯, Turkey-)	증기탕

다듬기 전	다듬은 말	다듬기 전	다듬은 말
밤바(←バンパー, bumper)	**완충기, 범퍼**	팔부 바지 (八分-, -ぶ-)	팔 푼 바지
베니야 (ベニヤ, veneer)	합판, 베니어	하구언 (河口堰, かこうぜき)	하굿둑
변(弁)	밸브(valve)	**함바**(←飯場, はんば)	현장 식당
보너스(bonus)	상여금	해태(海苔)	김
복지리(←鰒じる, ←河豚汁(ふぐじる)	국, 복싱건탕	해태(懈怠)	게으름, 태만
비까번쩍하다 (←ぴか, ←ぴかぴか)	**번쩍번쩍하다**	호열자 (虎列刺, ←コレラ)	괴질, 콜레라
비까비까하다 (←ぴかぴか-)	**번쩍번쩍하다**	혹성(惑星, わくせい)	행성
삐끼 (←引き, ひき)	(손님) 끌기, 여리꾼	홈 (←ホーム, ←platform)	**플랫폼**
사라(皿, さら)	접시	휴즈(ヒューズ, fuse)	**퓨즈**
사라다 (サラダ, salad)	**샐러드**	**히야시** (冷やし, ひやし)	차게 함, 채움

'나대지'를 <표준국어대사전>에서는 "지상에 건축물이나 구축물이 없는 대지"라는 뜻으로 풀이하고 있지만 다듬은 말을 따로 제시하지 않고 있다. 다만 국립국어원의 '온라인 가나다'(2005. 10. 20.)에서는 '빈 집터'라는 다듬은 말을 제시하고 있다. '가일층', '몽리자', '숨김', '용이', '은닉', '저촉', '해태' 등도 마찬가지이다. "버리고 돌보지 않다."라는 뜻을 나타내는 '위기(委棄)하다'는 다듬은 말 목록에 없는 말이다. 그리고 '은비'는 다듬은 말 목록에는 '隱庇'로 표기되어 있지만 [2014, 서울 7급 14번]에는 '隱祕'로 표기되어 있다. <표준국어대사전>은 '隱祕'를 "숨겨 비밀로 함"이라는 뜻으로 풀이한다.

'비상변(非常瓣▽)'은 <표준국어대사전>에 다듬은 말이 제시되지 않은 채 표제어로 등재되어 있다. 다듬은 말 목록에서 '변'은 '밸브'로 다듬었다.

'사이키(psychedelic)'는 '깜빡이' 또는 '깜빡이 조명'으로 다듬었다. 그런데 그리스 신화에 나오는 미녀로 사랑의 신 에로스(Eros)의 아내를 이를 때에는 '프시케'를 인정한다. 외래어 표기 용례와 다듬은 말 목록에 '사이키델릭아트(psychedelic art)', '사이키 스타일(psyche style)' 등이 있다.

'오프라인'은 <표준국어대사전>에는 "단말기의 입출력 장치 따위가 연결되어 있지 아니하여 중앙 처리 장치의 직접적인 제어를 받지 아니하는 상태"의 뜻으로 등재되어 있다.

'마대'는 <표준국어대사전>에서는 "굵고 거친 삼실로 짠 커다란 자루"라는 표준어로 처리하고, 순화어를 제시하지 않고 있다. 한편 '자바라(啫哱▽囉)'는 "놋쇠로 만든 타악기"를 뜻할 때에는 표준어이다.

'똑같다', '같다', '매한가지'라는 뜻을 나타내는 말로 일상생활에서 '쎔쎔(셈셈)이다'라는 말을 많이 사용하는데, 이 말은 'same same'에서 온 말로 짐작된다. 국립국어원 '온라인 가나다'(2007. 03. 13.)에서는 이 말을 사용하지 않는 것이 바람직하다고 한다.

'세고시/세꼬시(せごし)'는 "작은 생선을 손질하여 통째로 잘게 썰어낸 생선회"를 이르는 말인데, '뼈째회'로 다듬었다.

02. 외국어 번역 투 표현

외국어 번역 투 표현을 크게 일본어 번역 투와 영어 번역 투 표현으로 나누어 살펴보았다.

(1) 영어 번역 투 표현

기출 분석

[2012, 국가 7급 9번 ① '~에 의해', '~에 있어서', ② '가지고 있다, ~을 필요로 한다', ④ '아무리 강조해도 지나치지 않다']
[2012, 국회 9급 7번 ① '~에 위치하고 있다', ② '주어지다', ③ '~이/가 요구되다', ④ '~으로부터', ⑤ '~을/를 가지다']

■ '~고 있다.'

이 표현은 영어 'be ~ing'의 영향인데, 다음과 같이 고치는 것이 좋다.

예) 지금 서울행 열차가 도착하고 있습니다.
→ 지금 서울행 열차가 도착합니다.

■ '아무리 강조해도 지나침이 없다.(지나치지 않다.)'

이 표현은 영어의 'It is not too much to……'의 영향이다. 다음과 같이 고치는 것이 좋다.

예) 이번 회담의 중요성은 아무리 강조해도 지나침이 없다.
→ 이번 회담은 중요하다.

■ '~에 대하여'

이 표현은 'about'의 영향인데, 다음과 같이 고치는 것이 좋다.

예) 학생들에 대하여 많은 관심을 기울이고 있습니다.
→ 학생들에게 많은 관심을 기울이고 있습니다.
→ 학생들에게 관심이 많습니다.

■ '~에 위치하고 있다.'

이 표현은 영어 'be located in'의 영향이다. 다음과 같이 고치는 것이 좋다.

예) 우리 학교는 시외에 위치하고 있습니다.
→ 우리 학교는 시외에 있습니다.

■ '~으로부터'

이 표현은 영어 'from'의 영향인데, 다음과 같이 고치는 것이 좋다.

예) 대한민국의 주권은 국민에게 있고 모든 권력은 국민으로부터 나온다.
→ 대한민국의 주권은 국민에게 있고 모든 권력은 국민에게서 나온다.

■ '~을/를 가지다.'

이 표현은 영어 'have'의 영향인데, 다음과 같이 고치는 것이 좋다.

예) 모든 사람들은 신체의 자유를 가진다.
→ 모든 사람에게는 신체의 자유가 있다.

그런데 <표준국어대사전>에는 '시간을 가지다'라는 용례가 제시되어 있으므로 영어 번역체의 잘못된 표현으로 보기는 어려울 듯하다.

ㄱ. 오붓한 시간을 가지다.
ㄴ. 좋은 시간 가지시기를 바랍니다.

한편 국립국어원의 '온라인 가나다'(2015. 02. 13.)에서는 '시간을 가지다'를 쓰는 것보다는 '시간을 보내다'를 써서 '좋은 시간 보내시기를 바랍니다.'로 쓰는 것이 조금 더 자연스럽다고 한다.

■ '~을/를 고려에 넣는다면'

이 말은 영어의 'take account of(into)'를 번역한 표현인데, '~을/를 고려한다면' 정도로 수정해야 한다.(민현식: 499, 1999)

■ '~이/가 요구되다.'

이 표현은 영어 'be required of'의 영향이다. '-이/가 필요하다' 정도로 수정할 수 있다.

예) 새로운 경영자에게는 유연한 정책 대응 자세가 요구된다.
→ 새로운 경영자에게는 유연한 정책 대응 자세가 필요하다.

■ '~이/가 있었다.'

이 표현은 'There is……'로 시작하는 문장의 영향인데, 다음과 같이 고치는 것이 좋다.

> 예) 진지하고도 솔직한 해명이 있었다.
> → 진지하고 솔직하게 해명했다.

■ '~할 필요가 있다.('~을/를 필요로 하다.)'

이 표현은 'It is necessary to(be in need of)'의 영향인데, '~이/가 필요하다'로 표현해야 한다.(민현식: 499, 1999) 이에 비해 국립국어원 '온라인 가나다'(2015. 09. 30.)에서는 순화어 자료에 따로 제시되어 있지 않고, '필요'라는 표제어 용례에 '필요가 생기다'가 제시되어 있는 것으로 보아 '필요가 있다'도 사용할 수 있다고 한다. '필요로 하다'도 <표준국어대사전>에서 '요하다'를 뜻풀이 하면서 "【…을】 필요로 하다."라는 형태로 사용하고 있다.

■ '주어지다'

이 표현은 'be given'의 영향이다.

> 예) 어떤 찬스가 주어지면 기민하게 행동해야 합니다.
> → 어떤 기회가 생기면 재빠르게 움직여야 합니다.

그런데 '주어지다'는 <표준국어대사전>에 표제어로 등재되어 있다. '주어지다'는 "일, 환경, 조건 따위가 갖추어지거나 제시되다."라는 뜻인데, 동사 '주다'의 어간 뒤에 피동의 보조 용언 '-어지다'가 결합된 형태이다. '주어지다'의 문형 정보에 따르면 이 말이 서술어로 쓰이는 경우에는 그 앞에 '-에/-에게'라는 문장 성분과 호응한다.

■ '좋은 아침 되십시오.'

이 표현은 'Good morning!'의 직역이다. '되다'는 주어 이외에 보어를 필수 성분으로 요구하는 단어이다. 이 문장에서 생략된 주어는 '너'이므로 '너'가 '좋은 아침'이 될 수는 없다.

예) 좋은 아침 (되십시오)!
→ 안녕하십니까?, 활기찬(멋진) 아침 맞이하십시오.

이뿐만 아니라 "좋은 하루 되세요." 역시 "좋은 하루 보내세요."와 같이 수정해야 한다.

(2) 일본어 번역 투의 문장

■ '~에 다름 아니다.'

'~에 다름 아니다.'는 '~와/과 똑같다.' '~와/과 다름없다.'로 표현해야 한다.

예) 그의 행위는 범죄에 다름 아닙니다.
→ 그의 행위는 범죄와 다름이 없습니다.

■ '~에/에게 있어서'

'~에 있어서'란 표현이 일본말 '-に於て'에서 온 것이라고 보는 견해가 있다. 그런데 <표준국어대사전>에서는 '있다'를 설명하면서 '~에/에게 있어서'의 구성으로 쓰여 앞에 오는 명사를 화제나 논의의 대상으로 삼은 상태를 뜻하는 말로 다루고 있다. 그 용례로 "국어사 시대 구분에 있어서의 제 문제", "인간에게 있어서 가장 중요한 것은 사랑이다.'를 제시하고 있다. 한편 국립국어원 '온라인 가나다'(2008. 08. 18.)에서는 아래 표현을 일본어 투 문장으로 처리한다.

예) 업무 관리, 문서 처리, 회계 처리 등에 있어서 컴퓨터가 활용된다.
→ 업무 관리, 문서 처리, 회계 처리 등의 일을 할 때 컴퓨터가 활용된다.

■ 관형격 조사의 남용

관형격 조사 '-의'를 남용하는 것은 일본어에서 주로 쓰는 표현이라고 한다.

예) 우리는 그 회사의 변화의 모습을 지켜볼 것이다.
→ 우리는 그 회사가 변화하는 모습을 지켜볼 것이다.
비상 전화의 사용 및 관리 요령
→ 비상 전화를 사용하고 관리하는 요령
효과적인 듣기의 방법
→ 효과적으로 듣는 방법

■ '~이(가) 필요로 하다.'

'~이(가) 필요로 하다.'는 '~에(에게) 필요한 것은'으로 바꾸어 표현하는 것이 좋다.

예) 지금 우리 회사가 필요로 하는 것은 창조적으로 일하는 사람이다.
→ 지금 우리 회사에 필요한 것은 창조적으로 일하는 사람이다.

■ '~임에 틀림없다.'

'~임에 틀림없다.'는 '~임이 틀림없다.'로 표현하는 것이 좋다.

예) 이것은 부정적인 상황임에 틀림없다.
→ 이것은 부정적인 상황임이 틀림없다.

■ '~에 의하여'

'의하다'는 '~에 의한', '의하면', '의하여' 꼴로 쓰여 "무엇에 의거하거나 기초하다." 또는 "무엇으로 말미암다."라는 뜻으로 다음과 같이 쓰인다.

ㄱ. 노동에 의한 소득
ㄴ. 전쟁에 의한 참화

ㄷ. 사상은 언어에 의하여 표현된다.

ㄹ. 소문에 의하면

ㅁ. 모든 국민은 헌법과 법률이 정한 법관에 의하여 재판을 받을 권리를 가진다.

그런데 (ㅁ)의 '법관'은 유정 명사이므로 조사 '-에'가 결합하면 어색한 문장이 된다. 따라서 "모든 국민에게는 헌법과 법률이(에서) 정한 법관의 재판을 받을 권리가 있다." 정도로 수정해야 한다.

참고문헌

국립국어원, "교과서 표기 감수 지침(시안)", 2007
"새국어생활" 제2권 제2호, 1992년 여름
"외래어 표기 용례 자료-일반용어"(최종 수정일: 2016. 03. 04.)
"일본어 투 용어 순화 자료집", 2005
"표준국어대사전"
"표준국어대사전 편찬 지침 1, 2", 2000
국립국어원·문화관광부, "성씨 로마자 표기 방안 마련을 위한 토론회" 자료집, 2009
문화관광부, "국어 어문 규정집", 2003, 대한교과서주식회사
민현식, "국어 정서법 연구", 1999, 태학사
박용찬, "핫도그를 먹을까 핫덕을 먹을까 외래어 표기법", 2007, 랜덤하우스
최병욱, "베트남 근현대사", 2008, 창비
조너선 코졸 저, 김명신 옮김, "교사로 산다는 것", 2001, 양철북
조지프 스티글리츠 저, 이순희 옮김, "불평등의 대가", 2013, 열린책들
히로나카 헤이스케 지음, 방승양 옮김, "학문의 즐거움", 2006, 김영사

제 4 부

외래어 표기법 · 국어의 로마자 표기법 문제

1. 국어의 로마자 표기가 잘못된 것은?

① 금산 - Geumsan
② 정읍 - Jeongeup
③ 원당 - Weondang
④ 독립문 - Dongnimmun
⑤ 극락전 - Geungnakjeon

2. 외래어 표기가 바르게 된 것은?

① file[fail] - 화일
② fry[frai] - 후라이
③ fighting[fáitiŋ] - 파이팅
④ fantasy[fæntəsi] - 팬터지
⑤ fitness [fitnəs] - 휘트니스

3. 국어의 로마자 표기법에 맞는 것은?

① 오수개 - Ohsugae
② 진돗개 - Jindotgae
③ 삽살개 - Sabssalgae
④ 풍산개 - Phungsangae
⑤ 동경개 - Dongkyeonggae

4. 외래어 표기법에 어긋나는 것은?

① film[film] - 필름
② jazz[dʒæz] - 재즈
③ target[tɑ́:rgit] - 타깃
④ indian[indjən] - 인디언
⑤ control[kəntróul] - 콘트롤

5. 영화 제목 중 외래어 표기법에 맞는 것은?

① "사보타지"(Sabotage, 데이비드 에이어 감독: 2014)
② "유니온 스퀘어"(Union Square, 낸시 사보카 감독: 2011)
③ "쓰리 데이즈"(The Next Three Days, 폴 해기스 감독: 2010)
④ "라스베가스를 떠나며"(Leaving Las Vegas, 마이크 피기스 감독: 1995)
⑤ "유니버설 솔저: 그 두번째 임무" (Universal Soldier: The Return, 믹 로저스 감독: 1999)

6. 외래어를 순화한 말로 적절하지 않은 것은?

① 올인(all in) → 다걸기
② 투잡(two job) → 두벌이
③ 영건(young gun) → 기대주
④ 휘핑(whipping) → 거품크림
⑤ 캡처(capture) → 장면 갈무리

7. 국어의 로마자 표기법에 따라 바르게 표기한 것은?

① 조계사 - Jogyesa
② 불국사 - Pulguksa
③ 금산사 - Kŭmsansa
④ 쌍계사 - Sanggyesa
⑤ 화엄사 - Hwaeumsa

8. 국어의 로마자 표기법에 맞는 것은?

① 해운대 - Haeundae
② 춘장대 - Chunjangdai
③ 문장대 - Moonjangdae
④ 청포대 - Cheongphodai
⑤ 경포대 - Kyoungphodae

9. 국어의 로마자 표기법에 어긋나는 것은?

① 오죽헌 - Ojukeon
② 다보탑 - Dabotap
③ 연화교 - Yeonhwagyo
④ 촉석루 - Chokseongnu
⑤ 경복궁 - Gyeongbokgung

10. 외래어 표기법에 어긋나는 것은?

① 런닝(running)
② 워크숍(workshop)
③ 팸플릿(pamphlet)
④ 라이선스(license)
⑤ 하이라이트(highlight)

11. 국어의 로마자 표기법에 어긋나는 것은?

① 학여울 - Hakyeoul
② 속리산 - Songnisan
③ 왕십리 - Wangsimni
④ 낙동강 - Nakdonggang
⑤ 무량수전 - Muryangsujeon

12. 외래어 표기법에 어긋나는 단어는?

① 타월(towel)
② 멍키(monkey)
③ 알콜(alcohol)
④ 미스터리(mystery)
⑤ 액세서리(accessory)

13. 외래어 표기법에 맞는 단어로만 묶인 것은?

① 카펫, 플루트, 케이크
② 파이팅, 슈림프, 햄머
③ 바베큐, 배터리, 커피숍
④ 플랭카드, 블록버스트, 커닝
⑤ 뉴욕타임즈, 서머타임, 핼러윈

14. 'sunglass[sʌnglæs]'를 외래어 표기법에 맞게 표기한 것은?

① 썬글라스
② 선글라스
③ 선그래스
④ 선그라스
⑤ 썬그라스

15. 외래어 표기법에 어긋나는 것은?

① 컨텐츠(contents)
② 컨디션(condition)
③ 컨베이어(conveyor)
④ 컨테이너(container)
⑤ 컨소시엄(consortium)

16. 국어의 로마자 표기법에 어긋나는 것은?

① 해돋이 - haedoji
② 죽변 - Jukbyeon
③ 샛별 - saetbyeol
④ 대관령 - Daegwallyeong
⑤ 된장찌개 - Doenjangjigae

17. 외래어를 바르게 고쳐 쓴 것은?

① 앙콜(encore) → 앵콜
② 데쟈뷔(dejavu) → 데자부
③ 플레레(fleuret) → 플로레
④ 앙케이트(enquête) → 앙케트
⑤ 랑데뷰(rendez-vous) → 랑데뷔

18. 〈보기〉의 단어에 공통적으로 적용된 외래어 표기법의 기본 원칙으로 가장 적절한 것은?

보기

• '껌', '비타민', '빨치산', '판타지'

① 이미 굳어진 외래어는 관용을 존중한다.
② 외래어는 원지음에 가장 가깝게 표기한다.
③ 외래어의 1 음운은 원칙적으로 1 기호로 적는다.
④ 받침에는 'ㄱ, ㄴ, ㄷ, ㄹ, ㅁ, ㅂ, ㅇ'만을 쓴다.
⑤ 파열음 표기에는 된소리를 쓰지 않는 것이 원칙이다.

19. 국어의 로마자 표기와 외래어 표기가 모두 바른 것은?

	국어의 로마자 표기	외래어 표기
①	[지명] 울릉 Ulleung	beach 비치
②	[지명] 강릉 Gangneung	flash 플래쉬
③	[지명] 인천 Incheon	pilot 파일롯
④	[인명] 홍빛나 Hong Binna	super 슈퍼
⑤	[인명] 김백호 Kim Baekho	flake 후레이크

20. 〈보기〉를 통해 알 수 있는 국어의 로마자 표기의 원리를 가장 잘 설명한 것은?

보기

우리말	표준 발음	로마자 표기
묵호	[무코]	Mukho
집현전	[지편전]	Jiphyeonjeon
좋고	[조코]	joko
낳고	[나코]	nako

① 된소리되기는 표기에 반영하지 않는다.
② 국어의 로마자 표기는 국어의 표준 발음법에 따라 적는다.
③ 체언에서 'ㄱ, ㄷ, ㅂ' 뒤에 'ㅎ'이 따를

때에는 소리 나는 대로 적지 않는다.
④ 자음 사이에서 동화 작용이 일어나는 때에는 국어의 로마자 표기에 반영한다.
⑤ 'ㄱ, ㄷ, ㅂ'은 모음 앞에서는 'k, t, p'로, 자음 앞이나 어말에서는 'g, d, b'로 적는다.

21. 외래어 표기법에 맞는 단어로만 묶인 것은?

① 데코레이션, 컨택트
② 애드리브, 스태프
③ 내프킨, 리더십
④ 색소폰, 불독
⑤ 커튼, 비스켓

22. 외래어 표기법에 맞게 고쳐 쓰지 못한 것은?

① 셋트(set) → 세트
② 째즈(jazz) → 재즈
③ 엣지(edge) → 에지
④ 가디건(cardigan) → 카디건
⑤ 카스테라(custard) → 카스타드

23. 국어의 로마자 표기법에 어긋나는 것은?

① 구리 Guri
② 월곶 Wolgot
③ 칠곡 Chilgok
④ 맞히다 machida
⑤ 광희문 Gwanghimun

24. 밑줄 친 단어 중에서 외래어 표기법에 어긋나는 것은?

① 그는 아침에는 우유와 도넛을 먹는다.
② 그는 두둑한 회색 자킷을 입고 있었다.
③ 축제의 시작을 알리는 팡파르가 울렸다.
④ 비틀스는 전 세계 젊은이들의 인기를 얻었다.
⑤ 그때 더그아웃에서 양 팀 선수들이 몰려나왔다.

25. 〈보기〉의 ㉠에 들어갈 국어의 로마자 표기로 적절한 것은?

보기

수신자 ○○시장
제 목 '성죽면' 로마자 표기 변경 신청

1. '성죽면'의 로마자 표기를 다음과 같이 변경하고자 합니다.

-다음-

Sungjug-myeon → (㉠)

① Sungjuk-myeon
② Sungjung-myeon
③ Seongjug-myeon
④ Seongjuk-myeon
⑤ Seongjung-myeon

26. 〈보기〉에서 외래어 표기법에 맞는 단어만 고른 것은?

보기

- 케첩(ketchup)
- 모짜르트(Mozart)
- 프러포즈(propose)
- 썸머 타임(summer time)

① 케첩, 모짜르트
② 케첩, 프러포즈
③ 썸머 타임, 케첩
④ 프러포즈, 모짜르트
⑤ 썸머 타임, 모짜르트

27. 다음 외래어 중에서 수정할 필요가 없는 것은?

① 캬라멜(caramel)
② 바게뜨(baguette)
③ 싸인펜(sign pen)
④ 맘모스(mammoth)
⑤ 액셀러레이터(accelerator)

28. 국어의 로마자 표기법에 맞게 표기되지 않은 것은?

① 반구대 - Bangudae
② 배내골 - Baenaegol
③ 촛대바위 - Chotdaebawi
④ 광혜원 - Gwanghyewon
⑤ 서경별곡 - Seogyeongbyeorgok

29. 외래어 표기 자료와 그것의 수정 방안으로 적절하지 않은 것은?

	외래어 표기 자료	수정 방안
①	쨈 (jam, [jæm])	외래어 표기에서는 된소리를 적지 않는 것을 원칙으로 하므로 '잼'으로 수정한다.
②	템즈강 (Thames, [temz])	명사 어말의 '-s'는 [z]로 소리 나더라도 '스'로 적기 때문에 '템스강'으로 수정한다.
③	레인보 (rainbow, [réinbòu])	[ou]는 '오우'로 적으므로 '레인보우'로 수정한다.
④	크럽 (club, [klʌb])	어중의 [l]이 모음 앞에 올 때에는 'ㄹㄹ'로 적으므로 '클럽'으로 수정한다.
⑤	스무스 (smooth, [smuːð])	영어의 [ð]는 'ㄷ'로 표기하므로 '드'로 수정한다.

30. 밑줄 친 말 중에서 일본어 투가 아닌 것은?

① 김 과장은 탕비실에 있습니다.
② 그는 몇 달 전 견습 딱지를 뗐다.
③ 옛날에는 곤색 점퍼가 유행했었다.

④ 고수부지에 많은 시민들이 모였다.
⑤ 차에는 나무 한 바리가 실려 있었다.

31. 외래어 표기법에 어긋나는 것은?

① 로열(loyal)
② 콩트(conte)
③ 메론(melon)
④ 메디컬(medical)
⑤ 가스레인지(gas range)

32. 외래어 표기법에 맞게 표기된 것은?

① 휴즈(fuse)
② 샤시(sash)
③ 크락숀(klaxon)
④ 디렉터리(directory)
⑤ 배드민튼(badminton)

33. 'chef'와 'milk shake'의 외래어 표기로 옳은 것은?

	chef	milk shake
①	쉐프	밀크셰이크
②	셰프	밀크셰이크
③	셰프	밀크쉐이크
④	쉐프	밀크쉐이크
⑤	셰프	밀크세이크

34. 밑줄 친 말 중에서 순화할 필요가 없는 말은?

① 점심 때 국수 두 사리를 더 먹었다.
② 고속도로 노견에 정차하는 것은 위험하다.
③ 그들은 동네에서 잉꼬부부로 소문이 났다.
④ 그는 유도리가 없어서 일 처리가 항상 늦었다.
⑤ 우동의 맛국물 재료로 우리는 청어를 주로 사용한다.

35. 〈보기〉의 밑줄 친 단어 중에서 외래어 표기법에 어긋나는 것은 모두 몇 개인가?

보기

- 그가 콩쿨(concours)에 참가했다.
- 앰뷸런스(ambulance)가 도착했다.
- 르뽀(reportage)는 기록 문학이다.
- 피에로(pierrot)는 우리를 보고 웃었다.
- 그는 노블레스 오블리제(Noblesse oblige)를 실천한 인물이다.

① 1개
② 2개
③ 3개
④ 4개
⑤ 5개

36. 사람 이름을 로마자로 표기한 것 중에서 옳지 않은 것은?(단, 성 표기는 고려하지 않음.)

① 홍리라: Hong rira
② 정초이: Jeong choi
③ 김국민: kim gukmin
④ 안중근: An junggeun
⑤ 최복남: Choe bongnam

37. 다음 중 외래어 표기법에 맞는 것은?

① 쇼파(sofa)
② 뺏지(badge)
③ 기브스(Gips)
④ 카타로그(catalog)
⑤ 알레르기(Allergie)

38. 밑줄 친 부분이 외래어 표기법에 맞는 것은?

① 내일까지 레포트를 제출해야 한다.
② 나는 영화의 클라이막스 부분만 봤다.
③ 경기가 예상대로 다이내믹하게 진행되었다.
④ 나는 본넷을 열어 차의 엔진부터 살펴보았다.
⑤ 어제 관련 기사를 포탈 사이트에서 검색했다.

39. 밑줄 친 단어 중에서 외래어 표기법에 맞는 것은?

① 벽에 판넬을 붙였다.
② 자동차에 빵꾸가 났다.
③ 서류를 호치키스로 찍었다.
④ 그 선수는 멘탈이 문제이다.
⑤ 그는 두꺼운 오바를 껴입었다.

40. 외래어 표기법에 어긋나는 지명(地名)은?

① 푸껫(Phuket) 섬
② 에스파냐(España)
③ 광쩌우(Guangzhou)
④ 싱가포르(Singapore)
⑤ 호찌민(Ho Chi Minh)

41. 국어의 로마자 표기법에 어긋나는 것은?

① 왜떡 – Waeddeok
② 인절미 – Injeolmi
③ 절구통 – Jeolgutong
④ 소쇄원 – Soswaewon
⑤ 고춧가루 – Gochutgaru

42. 음악 용어 'sharp[ʃaːrp]'의 올바른 외래어 표기는?

① 샵 ② 샾
③ 썁 ④ 쌰프
⑤ 샤프

43. 외국어에서 차용한 단어가 아닌 것은?

① 붓 가는 대로 글을 쓰다.
② 냄비에 물을 끓고 있었다.
③ 남포 불빛이 멀리서 빛난다.
④ 보라매는 사냥에 쓰는 매의 하나이다.
⑤ 그는 세상 물정에는 웬만큼 미립이 났다.

44. 국어의 로마자 표기법에 어긋나는 것은?

① 부럼 bureom
② 윷놀이 yunnori
③ 사물놀이 samullori
④ 그네뛰기 geunetwigi
⑤ 팽이치기 paengichigi

45. 외래어 표기법에 어긋나는 단어는?

① 콘셉트(concept)
② 콘테스트(contest)
③ 콤플렉스(complex)
④ 리모컨(remote control)
⑤ 매스콤(mass communication)

46. 외래어 표기법에 어긋나는 단어는?

① 컬러(color)
② 마니아(mania)
③ 미네랄(mineral)
④ 스탠다드(standard)
⑤ 메커니즘(mechanism)

47. 지명이나 인명의 외래어 표기가 바르지 않은 것은?

① 터키(Turkey)
② 그리스(Greece)
③ 아이슬랜드(Iceland)
④ 마오쩌둥(Mao Zedong)
⑤ 라스베이거스(Las Vegas)

48. 〈보기〉의 외래어 표기가 틀린 이유를 바르게 설명한 것은?

보기

로보트(robot), 로케트(rocket)

① 어말의 무성 파열음은 받침으로 적기 때문
② 어말의 유성 파열음을 '으'를 붙여 적었기 때문
③ 자음 앞의 무성 파열음은 받침으로 적기 때문
④ 어말의 무성 파열음이 또 다른 자음 뒤에 올 때에는 '으'를 붙여 적기 때문
⑤ 무성 파열음이 유음이나 비음 등의 자음 앞에 오는 경우에는 '으'를 붙여 적기 때문

49. 외래어 표기법에 맞는 단어로만 묶인 것은?

① 카페(cafe), 크리닝(cleaning)
② 브리지(bridge), 스펀지(sponge)

③ 지프(jeep), 레크레이션(recreation)
④ 브라우스(blouse), 난센스(nonsense)
⑤ 초콜릿(chocolate), 메세지(message)

50. 외래어 표기법에 <u>어긋나는</u> 단어를 포함하고 있는 것은?

① 피에로, 가운, 아이섀도
② 캐비닛, 오셀로, 아울렛
③ 뷔페, 코냑, 부르주아
④ 코미디, 판다, 로열티
⑤ 주스, 텔레비전, 잠바

51. 외래어 표기가 바르게 된 것은?

① 파일(file)
② 비젼(vision)
③ 탈렌트(talent)
④ 미라클(miracle)
⑤ 우쿠렐레(ukulele)

52. 외래어 표기법에 <u>어긋나는</u> 단어로만 묶인 것은?

① 왓치, 토털
② 윈도우, 심포지엄
③ 스노보드, 내레이션
④ 네비게이션, 소세지
⑤ 파운데이션, 옐로우

53. 외래어 표기가 옳지 <u>않은</u> 것은?

① 로터리(rotary)
② 디지털(digital)
③ 블레이크(break)
④ 워크숍(workshop)
⑤ 할리우드(Hollywood)

54. 24절기를 로마자 표기법에 따라 표기한 것으로 옳지 <u>않은</u> 것은?

① 곡우(Gogu)
② 한로(Hanro)
③ 백로(Baengno)
④ 상강(Sanggang)
⑤ 경칩(Gyeongchip)

55. 국어의 로마자 표기법에 맞지 <u>않는</u> 표기는?(단, 대소문자 구분하지 않음.)

① 돌실낳이[돌실라이] Dolsillai
② 안주항라[안주항나] Anjuhangra
③ 삼수갑산[삼수갑싼] Samsugapsan
④ 안성맞춤[안성맏춤] Anseongmatchum
⑤ 함흥냉면[함흥냉면] Hamheungnaengmyeon

56. 〈보기〉의 외래어 표기법의 원칙이 적용되지 않은 단어는?

보기

제1항 무성 파열음 ([p], [t], [k])
1. 짧은 모음 다음의 어말 무성 파열음([p], [t], [k])은 받침으로 적는다.

① cat[kæt]
② gap[gæp]
③ book[buk]
④ check[ʧek]
⑤ snack[snæk]

57. 외래어 표기법에 맞는 단어로만 묶인 것은?

① 퍼머, 카센터, 렌트카
② 파리, 디스켓, 쏘나타
③ 심볼, 프레젠테이션, 소울
④ 서비스, 레스비언, 지그재그
⑤ 비틀스, 베벌리힐스, 갠지스 강

58. 다음 중 붙임표(-) 사용이 잘못된 것은?

① 중앙 Jung-ang
② 인왕리 Inwang-ri
③ 송나리 Song Na-ri
④ 숭례문 Sungnye-mun
⑤ 충청북도 Chungcheongbuk-do

59. 〈보기〉의 ㉠~㉤에 대한 설명으로 적절하지 않은 것은?

보기

표기	표준 발음	로마자 표기	
칠곡	[칠곡]	Chilgok	㉠
놓다	[노타]	nata	㉡
장롱	[장:농]	jangnong	㉢
죽변	[죽뼌]	Jukbyeon	㉣
세운	[세운]	Se-un	㉤

① ㉠에서 '칠곡'의 'ㄹ'은 'r'로 표기하는 것이 로마자 표기법에 맞다.
② ㉡에서 '놓다'의 '다'를 't'로 표기한 것을 보니 로마자 표기에서는 거센소리되기를 표기에 반영하기도 한다.
③ ㉢에서 장음을 표시하는 기호인 ':'가 로마자 표기에 없는 것을 보니, 장단의 구별은 로마자 표기에 반영하지 않는다.
④ ㉣에서 '변'은 '뼌'으로 발음되지만 'b'로 적은 것을 보니, 로마자 표기에서는 된소리되기를 반영하지 않는다.
⑤ ㉤에서 붙임표('-')를 사용한 이유는 '세운'은 발음상의 혼동이 있을 수 있기 때문이다.

60. 외래어 표기법에 맞는 단어로만 묶인 것은?

① 로맨시스트, 스카웃, 바디로션
② 로맨티시스트, 스카웃, 바디로션

③ 로맨시스트, 스카우트, 보디로션
④ 로맨티시스트, 스카우트, 바디로션
⑤ 로맨티시스트, 스카우트, 보디로션

61. 〈보기〉에 대한 설명으로 적절한 것은?

보기

【표준 발음법】

제2장 제5항 'ㅑ ㅒ ㅕ ㅖ ㅘ ㅙ ㅛ ㅝ ㅞ ㅠ ㅢ'는 이중 모음으로 발음한다.

다만2 '예, 례' 이외의 'ㅖ'는 [ㅔ]로도 발음한다.

다만3 자음을 첫소리로 가지고 있는 음절의 'ㅢ'는 [ㅣ]로 발음한다.

다만4. 단어의 첫 음절 이외의 '의'는 [ㅣ]로, 조사 '의'는 [ㅔ]로 발음함도 허용한다.

【국어의 로마자 표기법】

제1장 제1항 국어의 로마자 표기는 국어의 표준 발음법에 따라 적는 것을 원칙으로 한다.

제2장 제1항 모음은 다음 각 호와 같이 적는다.

1. 단모음

ㅣ	ㅔ
i	e

2. 이중 모음

ㅖ	ㅢ
ye	ui

[붙임1] 'ㅢ'는 'ㅣ'로 소리 나더라도 ui로 적는다.

① '숭례문'에서 '례'의 'ㅖ'는 [ㅔ]로도 발음할 수 있지만 'ye'로 표기한다.
② '도예촌'에서 '예'의 'ㅖ'는 [ㅔ]로도 발음할 수 있으므로 'e'로 표기할 수 있다.
③ '퇴계로'에서 '계'는 [ㅖ]로 발음해야 하므로 'e'로 표기한다.
④ '충의사'에서 '의'는 [ㅣ]로 발음할 수 있으나 'ui'로 표기해야 한다.
⑤ '경희'에서 '희'는 [ㅣ]로 발음되므로 'i'로 표기한다.

62. 〈보기〉에서 설명하는 외래어 표기법의 적용을 받지 <u>않는</u> 것은?

보기

제1항 무성 파열음 ([p], [t], [k])

1. 짧은 모음 다음의 어말 무성 파열음([p], [t], [k])은 받침으로 적는다.
2. 짧은 모음과 유음·비음([l], [r], [m], [n]) 이외의 자음 사이에 오는 무성 파열음([p], [t], [k])은 받침으로 적는다.
3. 위 경우 이외의 어말과 자음 앞의 [p], [t], [k]는 '으'를 붙여 적는다.

① 매트 mat[mæt]
② 펄프 pulp[pʌlp]
③ 수프 soup[suːp]
④ 데이트 date[deit]
⑤ 스탬프 stamp[stæmp]

63. 〈보기〉의 설명에 해당하지 <u>않는</u> 것은?

> **보기**
>
> 외래어 중에는 처음에는 하나의 고유한 상표, 상품명, 회사 이름이었지만 해당 상품이 너무 유명해진 뒤, 이와 유사한 상품들을 총칭하는 하나의 보통 명사처럼 사용되는 것이 있다.

① 나일론(nylon)
② 미네랄(mineral)
③ 아스피린(aspirin)
④ 무스(<프>mousse)
⑤ 호치키스(Hotchkiss)

64. 〈보기〉를 읽고 추측한 내용으로 옳지 <u>않은</u> 것은?

> **보기**
>
> 외래어를 한글로 표기할 때는 우리말 음절의 끝소리 규칙의 적용을 받는다. 그러나 그 받침으로 'ㄱ, ㄴ, ㄹ, ㅁ, ㅂ, ㅅ, ㅇ'만 사용한다. 그 이유는 외래어 뒤에 모음으로 시작하는 조사가 결합할 때에는 이들 자음만 발음되기 때문이다.

① 'racket[rǽkit]'의 받침은 단독으로 쓰일 때에는 'ㄷ'으로 발음된다.
② 'soup[suːp]'의 받침은 모음으로 시작하는 조사가 오면 'ㅂ'으로 발음된다.
③ 'stop[stɔp]'의 받침은 모음으로 시작하는 조사가 오면 'ㅂ'으로 발음된다.
④ 'cat[kæt]'의 받침은 자음으로 시작하는 조사 앞에서는 'ㄷ'으로 발음된다.
⑤ 'wrap[ræp]'의 받침은 모음으로 시작하는 조사가 오면 'ㅂ'으로 발음된다.

65. 〈보기〉의 단어 중에서 외래어 표기법에 맞는 단어만 고른 것은?

> **보기**
>
> 컨퍼런스(conference), 컬로퀴엄(colloquium), 세미나(seminar), 심포지움(symposium)

① 컨퍼런스, 컬로퀴엄
② 세미나, 컬로퀴엄
③ 컨퍼런스, 세미나
④ 세미나, 심포지움
⑤ 컬로퀴엄, 심포지움

66. 외래어 표기가 바르게 된 것은?

① adapter[ədǽptər] 아답터
② damage[dǽmidʒ] 대미지
③ jasmine[dʒǽzmin] 자스민
④ pantomime[pǽntəmàim] 판토마임
⑤ Valentine Day[vǽləntain] 발렌타인데이

67. 외래어 인명 표기가 옳은 것은?

① 에라스뮈스 Erasmus
② 징기스칸 Chingiz Khan
③ 차이코프스키 Tchaikovsky
④ 아웅 산 수 지 Aung San Suu Kyi
⑤ 링컨, 애이브러함 Lincoln, Abraham

68. 외래어 표기가 바르지 않은 것은?

① minuet[mìnjuét] 미뉴엣
② baguette[bægét] 바게트
③ silhouette[sìluét] 실루엣
④ croquette[kroukét] 크로켓
⑤ etiquette [étiquette] 에티켓

69. 외래어 표기가 바른 것은?

① 사고가 나자마자 레카(wrecker[rékər]) 차가 달려왔다.
② 밥슬레이(bobsleigh[bɑ:bslei])는 우리에게 익숙하지 않다.
③ 이 지역에서는 바오밥나무(baobab[béioubæb])가 잘 자란다.
④ 그들은 바리케이트(barricade[bǽrəkèid])를 뚫고 들어갔다.
⑤ 로빈 후드(Robin Hood[rɔ́bin hud])는 중세 영국의 전설상의 영웅이다.

70. 〈보기〉의 ㉠과 ㉡이 적용된 단어가 바르게 나열된 것은?

보기

국어의 로마자 표기에는 국어 단어를 발음대로 적는 전음법(轉音法)과 음운대로 옮겨 적는 전자법(轉字法)이 있다. 현행 국어의 로마자 표기법은 ㉠ 전음법을 원칙으로 하지만 경우에 따라 ㉡ 전자법도 허용한다.

	㉠	㉡
①	낙동강 Nakdonggang	알약 allyak
②	소쇄원 Soswaewon	백마 Baengma
③	백로 baengno	죽변 Jukbyeon
④	묵호 Mukho	집현전 Jiphyeonjeon
⑤	해돋이 haedoji	맞히다 machida

71. 외래어 지명 표기가 옳은 것은?

① 트라팔가르 Trafalgar 광장(廣場)
② 리우데자네이루 Rio de Janeiro
③ 로스앤젤러스 Los Angeles
④ 콸라룸푸르 Kuala Lumpur
⑤ 몽마르트 Montmartre

72. 외래어 표기법에 따라 바르게 표기된 것은?

① 액센트 accent[ǽksent]
② 에머랄드 emerald[émərəld]
③ 옵저버 observer[əbzə́:rvər]
④ 플라세보 placebo[pləsi:bou]
⑤ 테크놀러지 technology[teknɔ́lədʒi]

73. 〈보기〉이 ㉠에 들어갈 외래어 표기로 적절한 것은?

보기

(㉠)는 네팔 동부 히말라야 산속에 살고 있는 종족으로 히말라야 등산대의 짐을 나르고 길을 안내하는 인부로 유명하다.

① 셀파 Sherpa
② 셸파 Sherpa
③ 쉘파 Sherpa
④ 세르파 Sherpa
⑤ 셰르파 Sherpa

74. 〈보기〉 ㉠~㉢에 들어갈 등장인물의 외래어 표기가 모두 바르게 연결된 것은?

보기

세계적으로 유명한 소설을 읽다 보면 등장인물의 외래어 표기가 번역한 책마다 다른 것을 볼 수 있다. 이럴 때에는 <표준국어대사전>, 외래어 표기 용례 등을 참고해야 한다. 예를 들어 프랑스 소설가 '뒤마'의 작품 "삼총사"에 나오는 등장인물 'd'Artagnan'은 [㉠]으로 표기하고 '괴테'의 "젊은 베르테르의 슬픔"의 등장인물 'Charlotte'는 [㉡]로 표기하며, '톨스토이'의 "부활"에 나오는 등장인물 'katyusha'는 [㉢]로 표기한다.

① ㉠ 달타냥, ㉡ 샤롯데, ㉢ 카추사
② ㉠ 달타냥, ㉡ 샬로테, ㉢ 카츄사
③ ㉠ 다르타냥, ㉡ 샤롯데, ㉢ 카추사
④ ㉠ 다르타냥, ㉡ 샬롯테, ㉢ 카추샤
⑤ ㉠ 다르타냥, ㉡ 샬로테, ㉢ 카추샤

75. 밑줄 친 말을 외래어 표기법에 맞게 표기한 것은?

보기

존 휴스(Hughes, John, 1950~2009)는 미국 영화감독·각본가이다. 그는 세계적 히트작 "나 홀로 집에"(Home Alone, 1990) 시리즈를 각본·제작한 것으로 알려져 있다. 또한 1985년 'The <u>Breakfast Club</u>' 등을 제작하기도 했다.

① 브렉퍼스트 크럽
② 브렉퍼스트 클럽
③ 브랙퍼스트 크럽
④ 블랙퍼스트 클럽
⑤ 블랙퍼스트 크럽

76. 국가 이름을 우리말로 표기한 것으로 옳지 <u>않은</u> 것은?

① 티베트 Tibet
② 포르투칼 Portugal
③ 에티오피아 Ethiopia
④ 말레이시아 Malaysia
⑤ 키르기스스탄 Kirgizstan

77. 외국에서 들어온 말을 외래어 표기법에 따라 바르게 표기한 것은?

① 배턴 baton[bǽtn]
② 도어락 door lock[dɔːrlɔk]
③ 솔루션 solution[səlúːʃən]
④ 스태미너 stamina[stǽmənə]
⑤ 신디사이저 synthesizer[sínθəsàizər]

78. 외국에서 들어온 말을 외래어 표기법에 따라 바르게 표기한 것은?

① 럭키 lucky[lʌki]
② 라커 rocker[rɔ́kər]
③ 런칭 launching[lɔːnʧiŋ]
④ 크렘린 kremlin[krémlin]
⑤ 컨플레인 complain[kəmplein]

79. 외래어 표기법에 맞는 말로만 묶인 것은?

① 콘사이즈, 코스모폴리턴, 서포터스
② 플라즈마, 레프리, 브로콜리
③ 렌털, 크리스마스씰, 휀스
④ 콤팩트, 컴포넌트, 튤립
⑤ 라벨, 살롱, 슬로우

80. 외래어 표기법에 맞는 말로만 묶인 것은?

① 라커룸, 크리닉, 커리큘럼
② 몰핀, 카운슬러, 류마티즘
③ 머스터드, 핸들링, 바셀린
④ 루스 타임, 드래곤, 플라자
⑤ 스프링클러, 매핑, 유니버셜

81. 외국 지명 표기가 옳지 않은 것은?

① 댈러스 Dallas
② 에스파냐 Españ
③ 벨라루스 Belarus
④ 호놀룰루 Honolulu
⑤ 게티스버그 Gettysburg

82. ㉠, ㉡에 들어갈 외래어 표기가 적절하게 연결된 것은?

보기

- 영국의 작가 '위다(Ouida)'의 아동 소설 'A Dog of Flanders'을 외래어 표기법에 맞게 표기하면 (㉠)이다.
- 1651년에 영국의 철학자 홉스가 쓴 'The Leviathan'을 외래어 표기법에 맞게 표기하면 (㉡)이다.

① ㉠ 플란더스의 개 ㉡ 리바이던
② ㉠ 플랜더스의 개 ㉡ 리바이던
③ ㉠ 플란더스의 개 ㉡ 리바이어던
④ ㉠ 플랜더스의 개 ㉡ 리바이어던
⑤ ㉠ 프란더스의 개 ㉡ 리바이어던

83. 〈보기〉의 사전 정보를 활용할 때 띄어 쓰기가 바르지 않은 것은?

보기

족(族) 「접사」
「1」 ((민족 이름을 나타내는 대다수 명사 뒤에 붙어)) '민족'의 뜻을 더하는 접미사.
「2」 ((몇몇 명사 뒤에 붙어)) '그런 특성을 가지는 사람 무리' 또는 '그 무리에 속하는 사람'의 뜻을 더하는 접미사.
※ '민족'의 뜻을 나타내는 '족'은 접미사이지만 외래어 표기법에 따라 외래어 다음에서는 띄어 쓰거나 붙여 쓸 수 있다.

① 셈(Sem) 족
② 훈(Hun) 족
③ 몽골(Mongol) 족
④ 아베크(<프>avec) 족
⑤ 게르만(<독>German) 족

84. 〈보기〉를 참고할 때 띄어쓰기가 잘못된 것은?

보기

외국명 다음의 '인(人), 어(語)'는 띄어 쓴다. 반면 한자로 취음한 경우는 우리말처럼 붙여 쓴다.

① 이스라엘 인
② 이태리 인
③ 아랍 어
④ 노서아어
⑤ 프랑스 어

85. 외래어 표기법에 맞는 말로만 묶인 것은?

① 엔돌핀, 알바트로스, 세리모니, 발란스
② 클라이맥스, 액서스, 캐피털, 코코넛
③ 그라데이션, 샐러드, 에어컨, 레시피
④ 페스티벌, 프론트, 컴퍼스, 거버넌스
⑤ 크리스찬, 메디칼, 리사이틀, 모럴

86. 다듬기 전의 말과 다듬은 말이 바르게 연결되지 않은 것은?

	다듬기 전의 말	다듬은 말
①	소보로빵	곰보빵
②	소라색	파란색
③	땡땡이	물방울무늬
④	터키탕	증기탕
⑤	몸뻬	일 바지

87. 〈보기〉에 제시된 외래어 중에서 표기가 바르지 않은 것은 모두 몇 개인가?

보기

- 버저(buzzer)
- 필름 누아르(<프>film noir)
- 나르시시즘(narcissism)
- 메탈(metal)
- 아콰리움(aquarium)
- 스템플러(stapler)

① 2개 ② 3개
③ 4개 ④ 5개
⑤ 6개

88. 외래어 표기법에 어긋나는 것은?

① 경계 퍼스낼리티 장애(境界personality 障礙)
② 유러피언 캐주얼 European casual
③ 센시티브 아이템 sensitive item
④ 옴부즈맨 ombudsman 제도
⑤ 커뮤니티 community

89. 번역 투 문장과 가장 거리가 먼 것은?

① 우리나라의 주권은 국민에게 있고 모든 권력은 국민에게서 나온다.
② 학생들에 대하여 많은 관심을 기울이고 있습니다.
③ 기회가 주어지면 기민하게 행동해야 합니다.
④ 우리 회사는 서울에 위치하고 있습니다.
⑤ 진지하고도 솔직한 설명이 있었다.

90. 국어의 로마자 표기법에 어긋나는 것은?(단, 대소문자는 구분하지 않음.)

보기

㉠ 유월유두　㉡ 문래동
㉢ 신륵사　㉣ 밀양
㉤ 설악

① ㉠ yuwollyudo　② ㉡ mullae-dong
③ ㉢ silleuksa　④ ㉣ miryang
⑤ ㉤ seorak

91. 음식 이름을 외래어 표기법에 따라 적을 때 적절하지 않은 것은?

① lemonade(레몬 즙에 물, 설탕, 탄산 따위를 넣어 만든 음료): 레몬에이드
② tortilla(옥수수가루나 밀가루를 반죽해 팬에 구워 만든 멕시코 빵): 토르티야
③ caffè latte(에스프레소에 우유를 넣어 부드러운 맛이 강한 이탈리아식 밀크 커피): 카페 라테
④ fried chicken(닭고기에 밀가루, 양겨자 가루, 소금, 후추 따위를 묻혀 기름에 튀긴 요리): 프라이드치킨
⑤ caramel macchiato(고압에서 추출한 에스프레소에 거품을 낸 우유를 붓고 그 위에 caramel 시럽을 넣어 부드럽고 달콤한 맛이 나는 커피): 캐러멜 마키야토

92. 밑줄 친 ㉠, ㉡을 외래어 표기법에 맞게 표기한 것은?

보기

• ㉠ Sisyphos는 그리스 신화에 나오는 코린트의 왕으로 제우스를 속인 죄로 지옥에 떨어져 바위를 산 위로 밀어 올리는 벌을 받았다.
• ㉡ Oedipus는 그리스 신화에 나오는 테베의 왕 라이오스와 이오카스테의 아들이다. 부왕(父王)을 죽이고 생모와 결혼하게 되리라는 아폴론의 신탁 때문에 버려졌으나 결국 신탁대로 되자, 스스로 두 눈을 빼고 방랑하였다.

① ㉠ 시치포스 ㉡ 오이디푸스
② ㉠ 시치포스 ㉡ 오이디푸스
③ ㉠ 시시포스 ㉡ 외디푸스
④ ㉠ 시시포스 ㉡ 오이디푸스
⑤ ㉠ 시시포스 ㉡ 오디푸스

93. 〈보기〉의 밑줄 친 부분에 해당하는 것은?

> **보기**
>
> • 제124차 외래어 심의회(2015. 12. 2.)에서는 '로브스터'와 함께 '랍스터'를 <u>복수 표기</u>로 인정하기로 했다.

① angel 엔젤/에인절
② figure 피겨/피규어
③ radar 레이다/레이더
④ tomorrow 터모로/투모로
⑤ oriental 오리엔탈/오리엔털

94. 외래어 표기법에 맞는 말로만 묶인 것은?

① 무함마드, 콤바인, 페페로니
② 애드벌룬, 오믈릿, 포크레인
③ 아우트라인, 매조키즘, 칸쏘네
④ 스펙터클, 레퍼토리, 딜리셔스
⑤ 클린업 트리오, 보닛, 라지에이터

95. 외래어 표기법에 맞게 표기한 것은?

① sharing[ʃέəriŋ] 셰어링
② throw-in[θróuìn] 드로인
③ scholarship[skάlərʃip] 스골라십
④ shock wave[ʃɔk weiv] 쇽웨이브
⑤ body therapy[bɔ́di θerəpi] 보디 테라피

96. 다음 중 복수 표기가 허용되지 <u>않는</u> 것은?

① 교토/경도(京都)
② 황허/황하(黃河)
③ 상하이/상해(上海)
④ 타이완/대만(臺灣)
⑤ 하얼빈/합이빈(哈爾濱)

97. 국어의 로마자 표기법에 <u>어긋나는</u> 것은?

① 월송정[월쏭정] wolsongjeong
② 인풍루[인풍누] Inpungnu
③ 죽서루[죽써루] Juseonu
④ 삼일포[삼일포] Samilpo
⑤ 낙산사[낙싼사] Naksansa

98. 다듬기 전의 말과 다듬은 말이 바르게 연결되지 <u>않은</u> 것은?

① 요즘 <u>마구로</u>(→ 붕장어)가 잘 잡힌다.
② 경기가 좋아 <u>미싱</u>(→ 재봉틀)이 잘 돌아간다.
③ 날씨가 차니까 <u>단도리</u>(→ 채비)를 잘 하고 나오너라.
④ 그는 <u>비까번쩍하게</u>(→ 번쩍번쩍하게) 차려 입고 집을 나섰다.

⑤ 정신없게 왔다리갔다리(→ 왔다 갔다) 하지 말고 자리에 앉아라.

99. 영어 제목을 외래어 표기법에 맞게 수정하지 못한 것은?

① "런닝맨"(Running man, 2013) → 러닝맨
② "몽키 킹덤"(Monkey Kingdom, 2015) → 멍키 킹덤
③ "화이팅 패밀리"(Fighting family, 2012) → 파이팅 패밀리
④ "텔 미 썸딩"(Tell Me Something, 1999) → 텔 미 섬싱
⑤ 마이더스 어드벤쳐(The Adventurer: The Curse of the Midas Box, 2014) → 미다스 어드벤처

100. 〈보기 1〉을 이용하여 〈보기 2〉의 외래어를 표기할 때 적절하지 않은 것은?

보기 1

제1장 제5항 이미 굳어진 외래어는 관용을 존중하되, 그 범위와 용례는 따로 정한다.
제3장 제2항 어말과 모든 자음 앞에 오는 유성 파열음은 '으'를 붙여 적는다.
제3장 제3항 어말 또는 자음 앞의 [s], [z], [f], [v], [θ], [ð]는 '으'를 붙여 적는다.
제3장 제8항 중모음은 각 단모음의 음가를 살려서 적되, [ou]는 '오'로 적는다.
제3장 제10항 따로 설 수 있는 말의 합성으로 이루어진 복합어는 그것을 구성하고 있는 말이 단독으로 쓰일 때의 표기대로 적는다.
제4장 제2절 제4항 중국 및 일본의 지명 가운데 한국 한자음으로 읽는 관용이 있는 것은 이를 허용한다.

보기 2

㉠ lag[læg]
㉡ safe[seif]
㉢ cellulose[séljulòus]
㉣ Times Square[taimz skwεər]
㉤ 가고시마/녹아도(鹿兒島)

① ㉠은 제3장 제2항에 따라 '래그'로 표기한다.
② ㉡은 제3장 제3항에 따라 '세이프'로 표기한다.
③ ㉢은 제3장 제8항에 따라 '셀룰로스'로 표기해야 하지만 제1장 제5항에 따라 '셀룰로오스'로 표기한다.
④ ㉣은 제3장 제10항에 따라 '타임 스퀘어'로 표기한다.
⑤ ㉤은 제4장 제2절 제4항에 따라 '가고시마'로만 표기한다.

정답 한눈에 보기

1	2	3	4	5	6	7	8	9	10
③	③	②	⑤	⑤	②	①	①	①	①
11	12	13	14	15	16	17	18	19	20
①	③	①	②	①	⑤	④	①	①	③
21	22	23	24	25	26	27	28	29	30
②	⑤	⑤	②	④	②	⑤	⑤	③	⑤
31	32	33	34	35	36	37	38	39	40
③	④	②	①	④	⑤	⑤	③	③	③
41	42	43	44	45	46	47	48	49	50
①	⑤	⑤	④	⑤	④	③	①	②	②
51	52	53	54	55	56	57	58	59	60
①	④	③	②	②	④	⑤	④	①	⑤
61	62	63	64	65	66	67	68	69	70
④	①	②	②	②	②	①	①	⑤	③
71	72	73	74	75	76	77	78	79	80
②	④	⑤	⑤	②	②	①	④	④	③
81	82	83	84	85	86	87	88	89	90
⑤	④	④	②	②	②	①	②	①	①
91	92	93	94	95	96	97	98	99	100
①	④	③	④	①	⑤	③	①	⑤	④

외래어 색인

- '다듬은 말' 목록에 있는 말과 '외래어+하다'는 제외
- '/': 복수 표기
- 진하게: 인명 및 신화작품 속 인물
- =: 같은 뜻
- 원어: 혼동할 수 있는 말만 제시

ㅌ

ㅍ

■ 국어의 로마자 색인

■ 진하게: 성씨

영화 제목 색인

ㅍ

ㅎ

저자 소개

박성호

경성대학교 국어국문학과를 나오고,
경성대학교 교육대학원에서 교육학 석사 학위를 받았으며,
경성대학교 대학원 국어국문학과에서 박사 과정을 수료하였다.
양산원동중학교, 김해분성여자고등학교, 김해경원고등학교,
김해영운고등학교를 거쳐
현재는 서창고등학교에서 국어 교사로 재직하고 있다.

영화 포스터로 배우는

외래어 표기법, 국어의 로마자 표기법

1판 1쇄 인쇄 — 2016년 7월 25일
1판 1쇄 발행 — 2016년 7월 30일

저　　자 - 박 성 호
발 행 인 - 강 철 원
발 행 처 - 양 성 원
주　　소 - 경기도 파주시 월롱산로 71(야동동)
전　　화 - 031-946-3861(代)
팩　　스 - 031-946-3864
이 메 일 - tnwpub@naver.com
출판등록 - 2015년 8월 31일 제 2015-000211 호

ISBN 979-11-87118-55-8

정가 13,000원